사막을 건너는 중입니다

-배움에서 비움으로 가는 여정-

윤영돈·장혜인·이지현·정경신·이현녕
한영원·변정임·윤수영·고정연·김정기

배움에서 비움으로 가는 여정

사막을 건너는 중입니다

윤영돈·장혜인·이지현·정경신·이현녕
한영원·변정임·윤수영·고정연·김정기

길을 잃어도 괜찮습니다.

인생 사막(沙漠)은 배움·성장·절제·충만을 이루어 가는 또 다른
4막(四幕) 여정입니다. 사막 한가운데서 '진정한 나'를 발견하도록
10명의 코치가 인생의 나침반을 건넵니다.

사막에서
길을 찾는
4가지 방법

지식공감

길 잃음의 시대를 사는 코치들의 항해술

　오늘날 우리가 마주한 세상은 더 이상 과거의 성공 방정식이 통하지 않는 거대한 사막과 같습니다. 아무리 정교한 지도를 가지고 여행을 시작해도 사막에는 밤이면 모래바람이 불어와 지형을 바꿔 놓습니다. 모든 것이 급변하고 예측 불가능한 초뷰카(HyperVUCA) 시대 사막여행에서 여행자들은 필연적으로 길 잃음을 경험합니다. 초뷰카 시대 길 잃음은 더 이상 변수가 아니라 상수입니다. 길 잃은 사람들에게 필요한 것은 남들이 그려놓은 낡은 지도가 아니라 나침반입니다. 사막 여행자에게 필요한 것은 내면의 진정성에서 길어 올린 나침반으로 길 잃은 지점을 정확하게 찾아 위도 경도를 정하고 이 지점에서 다시 지도를 그려내는 지도술사의 능력입니다. 지도술사의 능력이 있는 사람들에게 길 잃음은 '자기다움'을 단련하기 위한 기회입니다.

　윤영돈 코치를 비롯한 10인의 전문가가 펴낸 이 책 『사막을 건너는 중입니다』는 인생의 국면마다 파생되는 길 잃음의 문제와 이 길 잃음을 어떻게 해결할 수 있는지를 코치들의 다양한 경험을 통해 지혜롭게 살려내고 있습니다. 인생 1막은 삶의 정체성인 밀알을 찾아내지 못하는 길 잃음과 찾아낸 정체성 밀알이 뿌리를 내리는 과정에서 파생한 길 잃음의 문제를 다룹니다. 인생 2막은 뿌리를 내린 나무가 성체 나무로 성장하는 과정에서 겪는 거절과 성장통이라는 길 잃음에 대해 설명합니다. 인생 3막은 나무가 자라 꽃이 피는 창조와 선택의 길 잃음에 대해서 다룹니다. 마지막 4막은 충만한 결실을 수확하는 단계에서 길 잃음의 문제에 대해 다룹니다.

책은 길 잃은 사람에게 중요한 것은 아마도 길을 잃었을 때 잃었음을 인정하는 용기와 길을 잃었음을 인정했을 때 사용할 수 있는 살아 떨리는 나침반이 있는지에 대해 거론합니다. 길 잃었음에 대한 용기 있는 고백은 결핍이 아닌, 진정한 자아를 만나는 정화와 전환의 기회로 되돌아올 것임을 가르칩니다. 인생이라는 먼 길을 떠날 때 같이 떠날 수 있는 도반들이 길 잃음의 문제를 어떻게 해결할 수 있는지에 대해서도 이야기합니다.

이 책은 각 길 잃음의 장면마다 필요한 탁월한 통찰을 넘어 다음과 같은 삶의 중요한 가치를 제안하고 있습니다.

첫째, 길을 찾는 여정은 '에고(Ego)'를 내려놓고 '진정한 나(Self)'를 찾는 여정임을 알려줍니다. 저자들은 인생 3막이나 4막에서는 1, 2막의 성취에 집착하던 '무거운 짐'을 내려놓으라고 조언합니다. 사막에서 살아남는 유일한 방법은 짐을 덜어내고 가벼워지는 것이듯, 우리 삶도 '채움'이 아닌 '비움'을 통해 비로소 완성에 다가갈 수 있음을 알려줍니다. 성공의 욕망 때문에 내려놓지 못했던 짐을 풀어 내려놓을 때 짐 속에 들어 있던 진정한 나의 나침반을 발견할 수 있다는 진리를 이야기합니다.

둘째, 불확실성과 고난은 내면의 나침반과 연동이 될 때 비로소 진정한 회복탄력성의 근력을 만든다는 사실을 주목합니다. 나침반을 가진 여행자들은 실패와 흔들림을 무너짐이 아닌, 새로운 나로 태어나기 위한 '탄생의 신호'로 해석합니다. 지도가 없는 사막에서 북극성을 보며 방향을 설정하고 외부의 기준이 아닌 내면의 목소리(Inner Voice)에 귀 기울여 가며 올바른 회복탄력성 근력을 훈련하는 실천 사례를 담고 있습니다.

셋째, 여행을 같이하는 도반들과의 '공동 설계(Co-design)'와 나눔의 가치를 제시합니다. 이 책도 결국은 한 사람의 주장이 아니라, 각기 다른 사막을 건너온 10명의 동행자가 쓴 같은 방향을 향한 협업의 결과물입니다. 이는 '나 홀로 성공'이 아닌 '협업을 통한 성숙'을 강조하는 열린 생태계의 시대정신으로 소통합니다. 타인의 아픔에 공감하고 자신의 지혜를 기꺼이 나누는 이들 여정의 협업은 사막여행에 오아시스가 되어 줄 것입니다.

길을 잃은 것도 모르고 인생의 전반전을 숨 가쁘게 달려오다 인생의 사막 한가운데서 길을 잃었다고 느끼는 모든 분께 이 책을 권합니다. 이 책을 덮는 순간, 우리는 더 이상 사막에서 길 잃음에 대해 두려워하지 않게 될 것입니다.

책은 사막은 길이 없어서 두려운 곳이 아니라, 나침반이 없어서 두려운 곳이라는 진실을 가르칩니다. 나침반만 있다면 사막은 길을 새롭게 창조할 수 있는 무한한 가능성의 공간입니다. 나침반의 미세한 흔들림으로 심장이 다시 뛰기 시작하는 곳, 그 여정의 출발점에서 이 책이 함께하기를 소망합니다.

이화여대 경영대학 인사조직전략 명예교수/한국코치협회 명예코치

윤정구

우리는 인생의 어느 지점에서든 한 번쯤 길을 잃습니다. 잘 나가던 커리어가 흔들리고, 관계의 의미가 바뀌며, 어제까지 분명하던 목표가 오늘은 공허하게 느껴질 때가 있습니다.

그 순간 우리는 묻게 됩니다.

"나는 지금 인생 사막의 어디쯤 와 있는가?"

이 책 『사막을 건너는 중입니다』는 그 질문에 정직하게 응답하는 안내서입니다. 인생을 배움 - 성장 - 절제 - 충만이라는 네 개의 막으로 나누고, 각 막마다 우리가 마주하는 불안, 선택, 상실, 재정렬의 순간을 '사막을 건너는 여정'이라는 강력한 은유로 풀어냅니다.

특히 이 책의 미덕은 위로에 머물지 않는다는 점입니다. 나침반을 잃은 순간 무엇을 붙들어야 하는지, 오아시스를 어떻게 알아보는지, 혼자가 아니라 동반자와 함께 가야 하는 이유가 무엇인지, 그리고 전환기의 불안을 돌보는 실제적 방법(CARE)까지 삶의 언어로, 그러나 실행 가능한 지침으로 제시합니다.

10명의 코치가 각자의 사막을 건너온 경험을 나누며 이 책은 독자에게 조용히 손을 내밉니다.

"당신의 사막도 다르지 않다. 그리고 길은 다시 열린다."

인생의 전환기 한복판에 서 있는 분, 성공 이후의 공허를 느끼는 리더, 중년 이후의 삶을 재설계하려는 모든 분께 이 책은 한 걸음 앞을 비추는 등불이 되어줄 것입니다.

사막은 길이 없어서 두려운 것이 아니라, 내가 누구인지 잊을 때 두려워집니다. 이 책은 그 '나 자신'으로 돌아가는 길을 조용하고 단단하게 안내합니다.

한국코치협회 회장
배재훈

인생 사막에서 지금 어디에 있습니까?
- 윤영돈

사람과 조직의 가능성을 발견하는 탤런트 파인더(Talent Finder)이다. 채용과 커리어 현장에서 드러나는 신호를 해석하며, 그 속에 숨어 있는 동기와 의미를 찾아내려는 시도를 20여 년간 이어 왔다. 하우라이팅 대표컨설턴트로 시작해서 단국대학교 종합인력개발원 초빙교수, 성신여자대학교 경력개발센터 겸임교수 등을 역임했다. 지혜의탄생 대표, 윤코치연구소 소장, 커리어코치협회 부회장, 인사혁신처 채용분과 정책자문위원, 한국강사협회 상임이사, 한국코치협회 KPC로 활발하게 활동하고 있다. 2007년 한국경제신문 한경닷컴 칼럼니스트 신인상을 받았고, 2010년 콘텐츠 개발 능력을 인정받아 삼성경제연구소 SERI 우수지식인으로 선정되었다. 『채용 트렌드』 시리즈를 비롯하여 『상대의 마음을 훔쳐라! 기획서 마스터』, 『한번에 OK 사인 받는 기획서 제안서 쓰기』, 『자기소개서 작성법 특강』, 『글쓰기신공 5W4H1T』, 『30대, 당신의 로드맵을 그려라』(한국문학번역원 주관 '한국의 책' 선정, 중국어 번역·수출) 등 여러 저술을 통해 일과 삶의 미래를 기록하고 있다.

누구에게나 삶에 지도가 없는 순간이 찾아옵니다. 앞이 뿌옇게 흐려지고, 방향은 분명했으나 걸음을 내딛는 힘이 사라지는 때. 그 시기를 '인생의 사막'이라 부릅니다. 사막은 거대한 모래와 고요한 바람의 공간이지만, 사실은 우리 내면을 비추는 거울이기도 합니다. 어디로 가야 할지 모를 때, 사막은 묻습니다. "너는 무엇을 진짜로 원하는가?"

인생은 행복의 여정이 아닙니다. 오히려 사막과 같습니다. 사막을 건너며 배운 것을 기록하고 그것을 모아서 여기에 묶습니다.

사람들은 흔히 인생의 목표를 처음부터 명확하게 알고 있어야 한다고 믿습니다. 그러나 실제 여정은 그렇지 않습니다. 삶은 단선적으로 흐르지 않고, 분기점과 우회로, 불확실성 속에서 조금씩 재정렬됩니다. 그래서 사막을 건너는 데 필요한 것은 '완벽한 지도'가 아니라 '마음이 움직이는 나침반'입니다. 나침반은 현실의 길을 리얼하게 그려주지 않습니다. 다만 어디로 향해야 할지에 대한 '방향성'을 되살려 줍니다.

저 또한 그 사막을 여러 번 지나왔습니다. 직업을 바꾸고, 관계가 흔들리고, 일과 삶의 균형을 다시 묻던 시절들이 있었습니다. 겉으로는 전문가라 불렸지만 내면 깊은 곳에서는 다음 한 걸음을 어떻게 내디뎌야 할지 고민하던 시기들도 있었습니다. 그때마다 저를 살린 것은 '자기다움'이라는 나침반이었습니다. 남들이 정해준 길이 아니라, 내가 지켜야 할 가치가 무엇인지 다시 묻는 힘. 그 중심이 흔들릴 때마다 새로운 방향으로 나아갈 수 있었습니다.

이 책은 바로 그 '나침반'을 다시 찾고 싶은 사람들을 위한 안내서입니다. 자기다움과 가치 기반의 삶을 회복하고 싶은 분, 인생 전환기(Midlife Transition)를 준비하는 분, 일과 관계 사이에서 흔들리는 균형을 하고 싶은 분, 중장년기를 의미 있게 재정렬하고 싶은 분, 그리고 이러한 내용을 자신의 코칭·상담·교육에 녹여 활용하고 싶은 전문가들까지 각자의 사막은 다르지만, 길을 잃는 감정은 누구에게나 같습니다.

그래서 저는 이번 프로젝트에 10명의 코치와 함께했습니다. 각자의 사막을 지나온 사람들, 그리고 누군가의 사막 끝에서 손을 잡아준 경험이 있는 이들. 그들이 발견한 경로, 실천 경험, 내적 통찰이 챕터(chapter)마다 담겨 있습니다. 이 책은 단순한 조언 모음집이 아닙니다. 삶의 흔들림을 견디고, 다시 자신만의 방향성을 회복해 가는 '인생 재정렬'을 위한 탐험 기록입니다.

'인생은 사막'이라는 표현은 중의법(重義法)입니다. 실제 '사막(沙漠)'이기도 하고 연극의 '4막'이기도 합니다. 인생은 사막처럼 길을 잃기도 하며 오도 가도 못하는 신세가 되기도 합니다. 사막은 강수량이 적어서 식생이 보이지 않거나 적고, 인간의 활동도 제약되는 지역을 말합니다. 사막에서 오아시스를 보고 그대로 지나가기 힘듭니다. 갈급증이 일어납니다. 오아시스를 만나면 잠시 쌓인 피로를 털어버리고 쉬어가셔야 합니다. 지나치게 열심히 살면 골병듭니다. 놀 때 놀아야 다음 여정을 시작할 힘이 생깁니다. 인생의 여정을 되돌아보며 계획을 다시 세워야 합니다. 그리고 주변 사람들에게 자신의 여정을 피드백해야 합니다. 쉬지 않고 달리면 번아웃이 됩니다. 자신에게 맡겨진 일을 제대로 하기보단 빨리 해치우기 바쁩니다. 나중에 골병이 납니다. 인생의 중턱에서 쉬어가며 여독을 회복하는 데 집중해야 합니다. 오아시스를 만날 때 푹 쉬어야 합니다.

인생의 1막은 내 일을 위해 배우는 시기이고, 2막은 성장을 위해 경험하는 순간이고 3막은 성숙을 위해 챙기는 시간이고, 4막은 완성을 위해 나누는 기간입니다. 인생의 1막은 배움의 시간이고, 인생의 2막은 채움의 언덕이고, 인생의 3막은 나눔의 공간입니다. 마지막 인생의 4막은 이제 비움의 순간입니다. 끝을 보고 걷는 여행자만이 사막에서 살아남을 수 있습니다. 당신에게는 사막 노트가 있습니까?

인생 4막을 기록하지 않으면 당신이 기억하는 것은 왜곡될 수 있습니다. 자신도 모르게 신기루를 좇기도 합니다. 인생 1막은 배우는 시간이고, 2막은 배운 것을 경험하는 시간이고, 3막은 경험하는 것들이 열매가

맺히는 시간이고, 4막은 열매를 나누는 시간입니다. 아직도 인생은 2막이라고 생각하는 사람은 시대착오로 3막에서 큰 사고를 치게 됩니다. 결국 리더가 되는 사람은 사막을 걷는다고 생각해야 합니다. 그때부터 세상이 다르게 보입니다. 오아시스를 만나는 것도 마음먹기에 달렸습니다. 꾸준히 기록하는 자만이 자신의 발자취를 기억할 수 있습니다.

인생의 절반이 넘어가면서 가장 큰 변화는 몸이 달라지는 것입니다. 기력이 약해지면서 어느 순간, 오십견이 오고 갑자기 나이가 든 것 같습니다. 어느 순간 회사에서 밀려나는 느낌이 듭니다. 아랫사람에게 지시받거나 한직으로 이동하거나 작은 회사로 이동하게 됩니다. 늦추더라도 결국 회사를 나오는 순간이 있습니다. 인간관계도 서서히 손절하거나 손절되고 친구나 지인들과의 교제하는 시간도 줄어듭니다. 이럴 때는 반 발짝 물러나서 경쟁에 뛰어들지 않아도 됩니다.

끊임없이 변하는 모래사막에서 지도를 잃어버리고 방향을 모른다고 해서 인생의 여정을 포기하지는 않습니다. 지도가 없어도 북극성은 뜹니다. 북극성을 보고 방향을 찾으면 됩니다. 목적지에 도착하기 위해 몸이 망가지도록 지나치게 무리할 필요는 없습니다. 나침반을 잃어도 여정 자체에 의미가 있습니다. 변화하는 사막에 있지 않다면 지금 이 순간을 충실히 살아냅니다. '지금 하고 있는 일'에 집중하는 것이야말로 어떻게 변할지 모르는 시대에 꼭 필요한 마인드셋이라고 생각합니다. AX(AI Transformation) 시대에는 오히려 사막을 걷는 마음가짐으로 대처할 때 우리의 인생이 더 풍요로워집니다.

현존이라는 말은 단지 현재를 생각하는 것이 아니라, 미래와 과거를 이어가면서 현재에 머무르는 것을 의미합니다. 자신의 과거를 재조명 하지 않는 인생은 결국 소모되는 삶으로 이어집니다. 질문보다 의문을 품는 태도가 필요합니다. 예로부터 중국 송나라의 주신중(朱新中)은 인 생오계론(人生五計論)을 주장했습니다. 첫째 생계(生計)는 어떤 일을 하며 살아갈 것인가 하는 문제입니다. 자신이 좋아하고 잘하는 것을 넘어 세상이 요구하는 일을 해야 천직이 된다고 말합니다. 둘째 신계(身計)는 몸을 어떻게 관리할 것인가에 대한 고민입니다. 육체적 건강과 정신적 건강을 함께 챙기는 웰니스가 인생의 4막에서 매우 중요해집니다. 셋 째 가계(家計)는 가정을 어떻게 이끌 것인가 하는 질문입니다. 경제적 문 제뿐 아니라 가정의 화목을 꾸려가는 공동체의 마음가짐, 즉 수신제가 (修身齊家)를 의미합니다. 넷째 노계(老計)는 늙어서 병들었을 때를 어떻게 대비할 것인가입니다. 안티에이징은 중요하지만 현실적으로 쉽지 않습 니다. 슬로우에이징(slow-aging)을 통해 서서히 대비하는 노후 관리가 필 요합니다. 다섯째 사계(死計)는 죽음을 어떻게 맞이할 것인가입니다. 자 식에게 누를 끼치지 않고 편안하게 인생을 마무리하는 방법을 성찰합

니다. "죽은 뒤 어떤 사람으로 기억되기를 바라는가?"라는 질문은 인
생의 마지막 장면을 구성하는 데 중요한 의미를 가집니다.

"그때 그렇게 했으면 좋았을걸."

이 말은 과거를 부정하는 것이 아니라, 자신 인생에 새로운 의미를
부여하려는 시도입니다. 과거의 무용담을 자랑하려는 것이 아닙니다.
누구나 강점을 가지고 살아갑니다. 인생 후반전에는 강점보다 약점을
인정하는 용기가 필요합니다. 인생의 그림자에서 맛보는 쓴맛도 과도한
호들갑에서 벗어나 받아들일 필요가 있습니다.

함께 갈 동료가 있다면 마음의 상처를 솔직히 이야기합니다. 부정
적 감정이 쌓이면 결국 터지게 마련입니다. 이럴 때 어깨의 힘을 빼는
것이 좋습니다. 스트레스가 방출되지 않으면 번아웃이 오기 쉽습니다.
누군가에게 '감정의 쓰레기통'이 되지 않기 위해 불평불만은 글로 배출
합니다. 글은 누구에게도 해를 끼치지 않기 때문입니다. 가족이나 친구
에게 불평을 털어놓다 보면 서로 감정 전이가 일어나기도 합니다.

아버지 세대의 힘든 레퍼토리가 반복되는 것을 볼 때, 우리는 그
패턴에서 벗어나야 한다고 생각합니다. 아들러는 우연한 기억(chance
memories)은 없다고 말합니다. 개인은 셀 수 없이 많은 인상 중에서 자

신의 상황에 영향을 미친다고 느끼는 것만 선택적으로 기억합니다. 그래서 초기 기억에는 삶의 태도와 인생관이 드러납니다. 현재의 관점으로 초기 기억을 다시 적어보면 중요한 단서를 얻게 됩니다.

우리는 때때로 타인의 문제를 마치 자신의 문제처럼 떠안고 살아갑니다. 아들러는 이때 "그것은 그 사람의 과제이지 나의 과제는 아니다"라고 말합니다. 자신의 과제인지, 타인의 과제인지 명확히 구분하는 것이 '과제의 분리'입니다. 다른 사람이 나의 길을 결정할 수는 없습니다. "내가 그를 진심으로 도왔는데 그는 변하지 않았다"고 실망할 필요도 없습니다. 다른 사람을 바꾸기 위해 나를 바꾸는 것이 아니라, 나는 그저 나의 일을 하면 됩니다. 그것으로 충분합니다.

남의 행복이 내 행복이 아니며, 남의 불행이 내 불행도 아닙니다. 지나치게 남의 짐을 짊어질 필요는 없습니다. 마음을 정리하면 훨씬 쉬워집니다. 집착을 버리고 향기를 좇아가는 태도가 중요합니다.

인생 4막은 걸어가야 합니다. 인생의 끝은 여전히 보이지 않지만, 우리는 걸음으로 그 막을 만들어 갑니다. 최근 덩야핑(鄧亞萍)의 인생 4막이 주목받고 있습니다. 그녀는 올림픽 챔피언에서 체육행정가, 언론사 경영진에서 창업가로 삶의 무대를 넓히고 있습니다.

덩야핑의 인생 1막은 탁구 선수였습니다. 1992년 바르셀로나 올림픽과 1996년 애틀랜타 올림픽에서 금메달 4개를 석권했습니다. 인생 1막은 배움의 시간입니다. 그녀는 1997년 은퇴 후 24세의 나이로 칭화대에 들어가 만학도가 됩니다. 영어 알파벳도 제대로 알지 못한 상태에서 새롭게 시작한 배움이었습니다. 하루 14시간씩 공부한 끝에 영국 케임브리지대에서 경제학 박사가 됩니다.

인생 2막은 고비를 넘어가는 채움의 언덕입니다. 그 후 베이징올림픽 조직위원회에서 활동하며 인민일보 검색부문 사장으로 발탁되어 혁신적 성과를 만듭니다. 인생 3막은 경험을 나누는 공간입니다. 또한 스포츠산업 창업 플랫폼을 설립하며 은퇴 선수들의 미래를 돕는 일을 시작합니다. 인생 4막은 자신을 내려놓고 공동체를 바라보는 비움의 순간입니다. 덩야핑의 인생 사막을 응원합니다.

날마다 하는 일을 사랑해야 삶이 깊어집니다. 글씨를 천천히 써 내려가는 동안, 일과 삶이 얼마나 단단히 연결되어 있는지 깨닫습니다. 일이 곧 삶입니다. 반복되는 일상이 지칠 때, 사랑하지 않으면 버티기 어렵습니다.

인생은 사막입니다. 청춘의 꽃길도, 중년의 안정도 결국 끝없이 펼쳐진 모래언덕을 걷는 여정일 뿐입니다. 보이는 산보다 보이지 않는 사막이 더 중요합니다. 사막에는 정해진 길이 없습니다. 매일 바람이 방향을 바꾸고, 어제의 오아시스는 오늘의 착시가 되기도 합니다. 사막에서 짐이 많으면 지칩니다. 짐을 내려놓아야 합니다. 짐을 덜어내야 가벼워지고 다시 걸을 힘이 생깁니다. 실패를 겸허하게 되짚어 보는 태도입니다. 그래서 사막을 걷는 삶은 늘 불안하고 외롭습니다. 그러나 그 사막을 통과한 사람만이 깊은 의미를 압니다. 그 의미는 성공도 안정도 아닙니다. 사랑입니다. 날마다 하는 일을 사랑할 수 있는 능력입니다.

나의 1막은 꿈만 있고 두려움이 많던 유년기였습니다. 김포공항 근처의 방구석에서 낙서를 하던 아이였고, 그 낙서를 어머니가 모아주셨습니다. 중학교 때 마종하 선생님이 주셨던 '돌멩이'라는 시 과제가 인생의 전환점이 되었습니다. 칭찬을 처음 받아본 경험이 인생의 방향을 결정하는 씨앗이 되었습니다. 모든 사람을 만족시킬 필요는 없습니다. 단 한 사람에게 진심을 담아 쓰는 것으로 충분합니다.

인생은 사막 같지만, 그 사막 한가운데에서도 오아시스처럼 솟아오르는 인연이 있습니다. 작은 자리에서도 인생의 다음 막이 열립니다. 마샤 메데이로스의 시 「서서히 죽어 가는 사람」은 살아 있는 삶을 상기시킵니다. '습관의 노예가 된 사람', '매일 똑같은 길로만 다니는 사람'은 '서서히 죽어가는 사람'이라고 말합니다. 인생의 사막을 건너기 위해서는 위험을 무릅쓰고 가보지 않을 길을 가고, 낯선 사람에게 인사를 하고, 자신 안의 아름다움을 발견하는 것이 진짜 살아 있는 사람입니다.

사막은 길이 없어서 두려운 것이 아니라, 내가 누구인지 잊을 때 길이 사라집니다. 사막을 견디는 유일한 연료는 사랑입니다. 자신의 일과 사람, 오늘 하루에 사랑을 붙들 때 우리는 더 깊어집니다. 인생의 4막은 갑자기 찾아오지 않습니다. 1막의 배움, 2막의 성장, 3막의 성숙을 지나 4막에서 비로소 '완성의 미학'에 다가갑니다. 진짜 길은 늘 잃어버린 길 끝에서 시작됩니다. 사막의 모래 구덩이를 혼자서 나오기 어렵기 때문에 동반자가 필요합니다. 함께 가는 셰르파에게 도움을 받으면 쉽게 벗어날 수 있습니다. 사막을 건너는 일은 결코 쉽지 않지만, 그 여정 속에서 자신을 다시 만납니다. 이 책이 한 걸음을 내딛게 해주는 여정의 출발점이 되기를 바랍니다.

차례

Act 1.

배움의 미학

Learning

내 속에 있는 내면의 소리를 듣는 여정
– 장혜인

장혜인은 '모든 답은 자신 안에 있다'라는 믿음으로 사람들의 삶을 응원하는 삶의 번역가다. 현재 브리즈레인보우 대표이자 국제코치협회 ICF 공식 인증한 CPCC(Certified Professional Co-Active Coach), Points of You Practitioner로 개인과 팀이 고정된 관점에서 벗어나 새로운 통찰로 변혁을 일으킬 수 있도록 돕는다. 모든 삶은 자신만의 언어로 번역하여 이해되고 경험하고 있음을 알아차리며, 스스로 자신의 답을 찾을 수 있도록 코칭 기법을 활용하여 삶을 응원 중이다. 〈지금, 여기〉에서 자기다움으로 빛나는 사람들로부터 가장 큰 기쁨을 느낀다. 스타트업 생태계에서 코치닷, 씨드그라운드 파트너 코치로 활동 중이다.

진짜 길은 안에 있다

당신의 시간은 한정돼 있으니, 다른 사람의 인생을 사느라 그것
을 낭비하지 말라

— 스티브 잡스

진짜 길은 언제나 밖이 아니라 내 안에서 시작된다. 호스피스 간병
인 브로니 웨어가 『죽음을 앞둔 사람들의 다섯 가지 후회』에서 밝힌 것
처럼, 죽음을 앞둔 이들이 가장 많이 남긴 첫 번째 후회는 '내가 원하
는 삶을 살 용기가 있었더라면'이었다. 타인의 기준이나 세상의 소음을
좇아간 길은 결국 내 영혼을 채우지 못한다. 내 안의 길을 따르지 못한
삶은 마지막 순간에 후회로 남는다. 그러니 내 안에서 시작된 길을 떠
날 용기를 내야 한다.

삶의 길과 용기를 생각하게 하는 짧은 우화가 있다. 다섯 명의 여행
자가 함께 여행을 하다가 길을 잃었다. 다섯 명은 어디로 갈지 정하다
결국 의견이 모아지지 않았다. 한 사람은 앞으로 나아갔고, 또 한 사람
은 왼쪽으로, 다른 한 사람은 오른쪽으로 방향을 틀었다. 또 다른 이
는 아예 왔던 길을 되돌아갔다. 마지막 한 사람은 자신이 길을 보여주
겠다며 언덕 위로 올라갔다. 언뜻 보기에 누구는 옳고 누구는 틀린 것
같지만, 시간이 지나고 보니 그 누구도 잘못된 길을 걷고 있던 것은 아

니었다. 각자가 자기 나침반을 따라간 길이었기 때문이다. 우리가 종종 잊는 사실은 이것이다. 모든 길에는 이유가 있고, 여정은 그 자체로 이미 보상이라는 점이다.

우리가 인생을 한 권의 책에 비유하는 이유도 같다. 각자가 지닌 고유한 이야기는 이미 그 자체로 존중받을 가치가 있다. 마치 누구도 나를 대신해서 수술대에 누워줄 수 없는 것처럼, 내 삶은 나만이 살아낼 수 있고, 내가 직접 써 내려가야만 한다. 모든 삶이 고유하고 특별하며 소중한 이유다.

덴마크에서 시작된 '사람책도서관(Human Library)'은 이를 상징적으로 보여준다. 여기서는 사람들이 직접 책이 되어 자신의 삶을 이야기하고, 다른 이들은 그 책을 빌려 대화한다. ADHD와 자폐 스펙트럼을 가진 한 참가자는, 자신의 다르게 보는 방식이 누군가에게 새로운 통찰이 될 수 있음을 깨달았다. 특별한 업적이 아니라 살아낸 방식 자체가 의미가 된 것이다.

나 역시 일상 속에서 비슷한 깨달음을 얻었다. 유튜브 채널 '희야기'에 출연해 육아 경험을 나눈 적이 있다. 나는 유명인도, 전문가도 아니었기에 처음엔 주저했다. 그러나 아이를 키우며 마주한 진솔한 경험을 있는 그대로 전했다. 아이는 내 밑바닥과 치부까지 드러나게 만들었지만, 다시 다가와 "엄마 좋아, 엄마 사랑해"라고 말해주었다. 그 순간 나는 존재 자체로 사랑받고 있다는 사실을 알았다.

부모님은 옳고/그름의 분별로 삶의 지혜와 길을 알려주어야 하기에 줄 수 없는 무조건적 사랑을 아이는 내게 건네주었다. 그것이 나를 더 나은 사람이 되고 싶게 하는 힘이 되었다. 그래서 나는 웃으며 말했다. "육아는 인생의 고진감래 끝판왕이다." 아이는 나를 성장시키는 스승이었다. 그러나 동시에 울음과 좌절, 인내의 한계를 끊임없이 마주하게 만드는 고통도 함께 안겨주었다. 그 모든 것이 선물이었기에, 나는 고통조차 감사할 수 있었다. 이 영상은 90만 회 이상 재생되었고, 천 개가 넘는 댓글이 달렸다. 사람들은 꾸밈없이 솔직한 이야기에 더 크게 감동했다. 이는 평범한 일상이 진실하게 전해질 때, 그 자체로 울림이 된다는 사실을 보여준다.

그렇다면 왜 많은 사람은 여전히 자기 안의 길을 따르지 못할까? 이유는 두 가지다.

첫째, 사회적 기준의 무게 때문이다. 우리는 '좋은 학교', '안정된 직장', '남들이 부러워하는 성취'를 따라가도록 길들여져 있다. 그 길은 안전하고 합리적으로 보이지만, 영혼을 채우지는 못한다. 지도는 정답을 알려줄 수 있지만, 나만의 길을 열어주지는 않는다.

둘째, 내면의 두려움 때문이다. 내 목소리를 따른다는 것은 실패의 가능성을 끌어안는 일이다. "혹시 틀린 길이 아닐까?" "사람들이 어떻게 볼까?" 하는 두려움은 발걸음을 멈추게 한다. 에리히 프롬은 이를 '자유로부터의 도피'라 불렀다. 인간은 자유를 원하지만, 막상 자유의 무게 앞에서는 타인의 기준으로 도망가 버린다는 것이다. 매슬로우의 욕구 단계에서도 자아실현은 마지막 단계다. 생존과 안전, 인정의 욕구를 넘어설 때 비로소 자기다움의 길에 설 수 있다.

결국 내 안의 길을 따른다는 것은 단순한 자기만족이 아니라, 두려움과 사회적 기대를 넘어서는 용기다.

삶은 단순히 사건을 기록하는 장부가 아니다. 내가 주인으로 살아내며 발견한 의미와 나를 변화시킨 순간들을 엮어가는 서사다. 그래서 진짜 길은 밖에 있지 않다. 언제나 내 안에서 시작된다.

흔들림 속에서 중심을 잡는 법

"스스로를 믿지 않으면 어떤 기적도 일어나지 않는다."

– 박찬욱 감독

내 안의 진짜 길은 스스로를 믿는 순간부터 열린다. 그렇다면 스스로를 믿는다는 것은 어떤 감각일까? 초등학생 딸 덕분에 그 의미를 새삼 깨닫게 된 적이 있다.

요즘 초등학교에서도 라부부 열풍이 거세다. 전 세계적으로 인기를 끌면서 정식 구매마저 복권처럼 당첨이 되어야 하고, 희소성이 높아지자 진품과 가품을 구별하는 '검증 리스트'가 퍼져 나갔다. 운이 좋게도 딸은 이모 덕분에 정식으로 구매한 라부부를 선물 받았다. 그런데 학교에서 돌아온 딸이 조심스레 말했다.

"엄마, 어떤 언니가 그러는데, 진짜 라부부는 발등에 불빛을 비추면 별이 보인대."

딸은 친구들에게 들은 '진짜' 여부를 가르는 검증 리스트를 줄줄이 읊었다. 흥미로운 건, 그 '검증 리스트'들 중 사실이 아닌 것들도 있었다는 점이다. 나는 웃으며 물었다.

"그래서 그 언니들은 그 라부부 가지고 있대?"

"아니."

라부부가 정품이라는 사실을 알았기에 나에게는 가품일지도 모른 다는 의심이 비집고 들어올 틈이 없었다. 그러나 아이는 검증 리스트가 진짜인지 아닌지 몰라 잠시 불안에 휩싸였다. 근거 없는 말일지라도 내 안에 확신이 없을 때는 작은 말 한마디가 흔들림을 불러온다. 누가 무엇이라 해도 흔들리지 않는 확신의 감각은 '알고 있음'과 같다.

삶에서도 이런 일이 일어난다. 30대 중반의 작가 지망생 한수민(가명) 씨는 글쓰기 수업을 듣고 웹소설을 집필하며 작가의 길을 걷고 있었다. 그런데 어느 날 "포기할 줄 아는 것도 용기야. 이제 현실을 받아들이고 직장을 다녀야 하지 않겠니?"라는 친구의 말에 그녀는 마음이 흔들렸다. 하루하루 열심히 써온 글이 갑자기 한심하게 느껴졌고, 이 길이 맞는지 불안에 휩싸였다. 이처럼 자기 자신을 알지 못하면 작은 말에도 쉽게 흔들린다. 결국 자신을 믿는 힘은 자신을 아는 것, 바로 자기 이해에서 비롯된다.

그래서 인류는 수천 년 동안 같은 질문을 반복해 왔다.

나는 누구인가?

철학은 인간의 본질을 탐구하며 이 질문에 몰두했고, 심리학은 자아와 정체성을 연구하며 이 물음을 다뤘다. 종교는 영혼의 자리에서, 과학은 뇌와 의식의 작동을 통해 같은 질문을 던져 왔다. "나는 누구인가?"라는 물음은 특정 학문이나 시대에 국한된 것이 아니라, 모든 세대가 던지는 보편적 질문이다. 어느 날, 50대를 지나고 있는 지인에게 자신이 누구인지 아느냐고 물은 적이 있다. 그분은 웃으며 이렇게 답했다. "평생 그 질문에 대한 답을 알아가는 중 아닐까요?"

코칭은 이 질문에 답을 찾아가는 중요한 방법 중 하나다. 코칭은 단순히 문제 해결의 기술이 아니다. 내면의 진실을 발견하고, 원하는 삶을 스스로 창조할 수 있도록 돕는 협력적 파트너십이다. 코칭은 질문이라는 거울을 통해 이미 안에 존재하는 가능성과 방향성을 비춰준다. 거울은 답을 주지 않지만, 내 모습을 보여줌으로써 스스로 답을 찾게 한다. 자기 자신을 알아가며 마주하는 진실은 인간은 본질적으로 전인적 존재라는 것이다.

인간은 몸과 감정, 이성만으로 설명되지 않는다. 마음과 영혼, 관계와 가치, 꿈과 환경이 함께 얽혀 하나의 '나'를 이룬다. 그래서 정체성은 언제나 다층적인 차원에서 드러난다. 어떤 순간에는 이성이 앞서지만, 또 어떤 순간에는 감정이, 영성이, 관계가 나의 선택을 이끌어낸다. "나는 누구인가?"라는 물음에 단일한 답이 존재하지 않는 이유도 여기에 있다. 삶의 모든 차원이 서로 얽혀 통합될 때, 비로소 나의 정체성은 빛을 발한다.

나답게 시작하는 법 – 정체성과 자기 이해

앞서 살펴본 것처럼 "나는 누구인가"라는 물음에 대한 답은 한 번 정해지면 끝나는 것이 아니다. 삶을 살아가며 발견되고, 경험 속에서 진화하는 과정에 가깝다. 그래서 정체성은 완성된 정의가 아니라, 끊임없이 자신을 연결하고 확장해 가는 내면의 기준이다.

코칭 현장에서 만나는 많은 이들은 "한 번 직업을 선택하면 웬만해서는 바꿔선 안 된다"는 신념 때문에 갈팡질팡하거나, 이미 내린 선택이 맞는지 끊임없이 확인하느라 불안에 시달린다. 하지만 정체성은 고정된 답안지가 아니다. 오히려 삶의 변화 속에서 나를 잇는 중심이다. 심리학자 에릭 에릭슨은 정체성을 '시간과 상황 속에서도 일관되게 유지하는 자기에 대한 통합된 감각'이라고 설명한다.

우리는 하루에도 수없이 작은 선택을 한다. 오늘 무엇을 먹을지, 어떤 옷을 입을지, 이 말을 꺼낼지 말지를 결정한다. 어제의 내가 한 선택과 오늘의 내가 내리는 결정이 달라질 수 있음을 인정할 때, 우리는 변화 속에서 나답게 살아갈 힘을 얻게 된다. 정체성은 그 모든 변화를 꿰어주는 실처럼, 움직이지만 무너지지 않는 중심이다.

정체성이 잘 형성된 사람에게는 공통적으로 세 가지 특징이 나타난다.

첫째, 자기다움의 감응 센서가 작동한다. 자신에게 중요한 가치와 신념을 알고, 행복한 순간과 불편한 순간을 구분한다. 다른 사람의 의견을 참고하되 최종 선택은 자신의 우선순위에 따른다. 그러나 많은 이들이 외부가 요구하는 일에만 몰두한 나머지 내면의 알람 소리를 잊어버린다. 중요한 것은 우리 모두에게 이 감응 센서가 있고, 이제 스위치를 다시 켜면 된다는 사실이다.

둘째, 역할이 달라져도 '나'는 유지된다. 한 사람이 여러 옷을 입듯, 상황마다 표현 방식은 달라지지만 그 속에서 드러나는 가치와 태도는 일관된다. 나에게 '존중'과 '정직'은 삶의 핵심 가치다. 그래서 코칭 대화에서도, 아이와의 일상에서도 상대를 있는 그대로 인정하려고 노력한다. 역할이 변해도 정체성의 뿌리는 변하지 않는다.

셋째, 변화 속에서도 삶의 방향은 이어진다. 오늘의 내가 어제와 다른 선택을 할 수 있지만, 그것은 단절이 아니라 연결된 확장이다. 나는 과거에 스타트업 생태계를 응원했지만, 지금은 코칭으로 사람들의 삶을 응원한다. 방식은 달라졌지만 '응원'이라는 본질은 이어져 있다. 정체성이 있는 변화는 억지 정렬이 아니라, 내 신념과 가치에 따른 자연스러운 정렬이다. 그래서 일관된 방향으로 살아가는 사람은 결과의 평가보다 과정 속에서 의미를 발견하며 성장한다.

여기서 정체성과 구분해야 할 개념이 있다. 바로 '자기개념(self-concept)'이다. 자기개념은 자신이 중요하게 여기는 특징이나 신념을 나열하는 것이다. 예를 들어 한 사람이 "나는 여자다, 나는 대기업에서 7년 일했다, 나는 글쓰기를 좋아한다, 나는 조용한 성격이다"라고 나를 소개할 수 있다. 이것은 자기개념이다. 그러나 정체성은 그 조각들을 통합해 "나는 관계 속에서 힘을 주는 사람이다, 나는 치유의 언어를 나누는 존재다"처럼 더 깊고 중심이 있는 자기 인식을 만들어낸다.

박선웅 교수는 '정체성의 심리학'에서 자기개념과 정체성의 차이를 스티브 잡스의 아이폰 발표를 통해 설명한다. "아이팟, 전화, 인터넷 통신기기, 이들은 세 개의 독립적인 장치가 아닙니다. 이것은 하나의 장치입니다. 우리는 이를 아이폰이라 부릅니다." 각각의 기능은 아이폰의 일부를 설명하지만, 개별 특징들이 곧 아이폰은 아니다. 이들이 통합되어 비로소 아이폰이라는 정체성이 창조된 것이다.

이 비유를 한 단계 더 확장해 보자. 아이폰은 2007년 첫 모델에서 멈추지 않았다. 매해 혁신적인 기능을 더하며 새로운 버전으로 거듭나왔다. 하지만 모양이 바뀌고 기능이 달라져도 우리는 그것을 다른 폰과 혼동하지 않는다. 시리즈가 아무리 변해도 아이폰은 여전히 아이폰이다. 정체성도 마찬가지다. '나'라는 존재는 어느 한 시점에 고정된 완성품이 아니다. 흐르는 시간 속에서 경험이 쌓이고, 그로 인해 자연스럽게 성장하고 진화해 나가는 과정 그 자체다. 겉모습이나 생각이 어제와 달라질 수 있지만, 그 모든 변화 속에서도 '나'라는 고유한 본질은 결코 변하지 않는다.

정체성은 이처럼 흩어진 자아를 하나로 통합하면서, 동시에 매일 나의 세계를 확장시키는 힘이다. 자기개념이 색연필이라면, 정체성이란 그 색연필로 평생에 걸쳐 그려나가는 '그림'이다. 색연필 하나하나만으로는 내가 누구인지 설명할 수 없다. 그러나 그것들이 모여 하나의 그림을 이루면, 세상에 단 하나뿐인, 오직 나만이 그릴 수 있는, 유일한 '나'라는 작품이 된다.

　아이폰만 아이폰이 될 수 있듯, 나만 오직 내가 될 수 있다. 나답게 시작한다는 것은 완벽한 정답을 찾는 일이 아니다. 그것은 삶이 나를 성장시키고 진화시키는 자연스러운 흐름을 받아들이는 일이다. 매일의 선택 속에서 내 안의 감응 센서를 켜고, 어떤 모습으로 변화해 가든 나는 여전히 나라는 믿음의 중심을 잡으며 내 삶이라는 고유한 그림을 완성해 가는 과정이다.

정체성을 알아가는 방법

:: 인생의 선을 연결해서 가치를 찾기

정체성은 변화하는 삶 속에서도 나를 연결해 주는 내면의 중심이다. 그래서 자신이 걸어온 여정을 되돌아보면 지금까지 무엇이 진정으로 중요했는지 발견할 수 있다. 우리는 모두 각자의 인생을 살아왔고, 그 안의 소중한 순간과 전환점들에서 내면의 중심이 드러나기 때문이다. 이 흐름을 시각적으로 성찰하게 돕는 도구가 '라이프라인 차트(Lifeline Chart)'다. X축에는 시간의 흐름을, Y축에는 그 시기 감정의 강도를 표시한다. ‒10은 가장 힘들었던 순간, +10은 가장 기뻤던 순간이다. 단순히 사건을 나열하는 것이 아니라, 당시의 중요한 사건과 감정을 함께 떠올려 보는 것이다.

감성은 내면의 신호등과 같다. 차트에 그려지는 선은 내 삶에서 정렬되었던 시기와 흔들렸던 시기를 보여준다. "어떤 가치가 무너졌을 때 나는 흔들렸는가, 무엇이 나를 다시 일으켜 세웠는가"를 떠올리며 핵심 가치를 발견할 수 있다. 여기에 가치 키워드를 참고하면 도움이 된다. '정직, 존중, 자율성, 연결, 회복탄력성, 영감…' 등 200가지 키워드 중 반복적으로 마음을 울리는 가치가 있을 것이다. 그것이 바로 자신의 정체성을 드러내는 실루엣이다.

자기이해	대인관계	사회적 책임
자기인식 (Self-awareness)	사랑 (Love)	정의 (Justice)
정직 (Honesty)	신뢰 (Trust)	공정 (Fairness)
자기수용 (Self-acceptance)	존중 (Respect)	책임감 (Responsibility)
자율성 (Autonomy)	공감 (Empathy)	존엄 (Dignity)
자기개선 (Self-improvement)	용서 (Forgiveness)	공익 (Common good)
통합성 (Integrity)	연결 (Connection)	환경보호 (Environmentalism)
자기표현 (Self-expression)	충성 (Loyalty)	시민의식 (Civic-mindedness)
개인성 (Individuality)	협력 (Collaboration)	봉사 (Service)
자기결정 (Self-determination)	의사소통 (Communication)	평등 (Equality)
정체성 (Identity)	다정함 (Kindness)	인권 (Human rights)
성찰 (Reflection)	배려 (Consideration)	지속가능성 (Sustainability)
자신감 (Confidence)	동료애 (Camaraderie)	공감능력 (Compassion)
개방성 (Openness)	유머 (Humor)	기여 (Contribution)
직관 (Intuition)	감사 (Gratitude)	나눔 (Sharing)
감정이해 (Emotional understanding)	친밀감 (Intimacy)	선의 (Goodwill)
용기 (Courage)	이해심 (Understanding)	사회참여 (Social participation)

자기신뢰 (Self-trust)	헌신 (Commitment)	도덕성 (Morality)
자기존중 (Self-respect)	포용 (Inclusiveness)	타인존중 (Respect for others)
자기조절 (Self-regulation)	지원 (Support)	윤리 (Ethics)
명료성 (Clarity)	신중함 (Thoughtfulness)	공동체정신 (Community spirit)

영성	생활태도	성취지향	정서적 건강
의미 (Meaning)	근면 (Diligence)	열정 (Passion)	평화 (Peace)
영감 (Inspiration)	책임감 (Responsibility)	목표지향 (Goal-orientation)	마음챙김 (Mindfulness)
경외 (Awe)	정돈 (Orderliness)	도전 (Challenge)	유연성 (Flexibility)
기도 (Prayer)	계획성 (Planning)	성장 (Growth)	희망 (Hope)
연결감 (Connectedness)	절제 (Temperance)	전문성 (Expertise)	감정표현 (Emotional expression)
믿음 (Faith)	청결 (Cleanliness)	창의성 (Creativity)	스트레스 관리 (Stress management)
용서 (Forgiveness)	꾸준함 (Consistency)	리더십 (Leadership)	회복탄력성 (Resilience)
영적성장 (Spiritual growth)	실용성 (Practicality)	혁신 (Innovation)	긍정성 (Positivity)
헌신 (Devotion)	적응력 (Adaptability)	탐구심 (Curiosity)	자기위로 (Self-compassion)
신성함 (Sacredness)	검소함 (Frugality)	성공 (Success)	기쁨 (Joy)

의식 (Awareness)	자기관리 (Self-care)	지식 (Knowledge)	안정감 (Stability)
순수성 (Purity)	경청 (Listening)	의지력 (Willpower)	균형 (Balance)
조화 (Harmony)	생활균형 (Life balance)	기획력 (Strategic thinking)	자유 (Freedom)
영혼의 진실 (Soul truth)	단순함 (Simplicity)	문제해결능력 (Problem-solving)	수용 (Acceptance)
순리 (Following the flow)	절제 (Modesty)	몰입 (Flow)	차분함 (Calmness)
직관적 앎 (Inner knowing)	겸손 (Humility)	성과 (Result)	사려 깊음 (Deliberateness)
희생 (Sacrifice)	지속성 (Perseverance)	자기계발(Self- development)	행복 (Happiness)
빛 (Light)	독립심 (Independence)	학습 (Learning)	충만함 (Contentment)
사명 (Purpose)	책임 있는 소비 (Responsible consumption)	영향력 (Influence)	자애 (Loving-kindness)
감사 (Thankfulness)	생활지혜 (Wisdom in life)	야망 (Ambition)	웰빙 (Well-being)

라이프라인 차트에서 드러난 자신의 핵심가치 5개를 고른 후, 우선 순위를 정해보자. 되돌아본 흔적 속에서 반복적으로 드러난 나다운 가치가 곧 정체성의 토대다.

:: 남의 시선에서 벗어나 온전한 나를 비추는 거울

인간은 단지 생각하는 존재가 아니다. 감각, 직관, 감정, 몸, 영혼까지 품고 있는 전인적 존재다. 따라서 정체성을 발견하는 과정도 분석적 사고에 머물 수 없다. Points of You 기법은 이런 전인성을 기반으로 설계된 코칭 도구로, 이미지와 질문을 통해 이성과 감성, 의식과 무의식을 연결한다.

'나'를 바라볼 때 기억해야 할 흥미로운 과학적 사실이 하나 있다. 사람이 고개를 돌리지 않고 자신의 눈으로 볼 수 있는 최대 시야각은 얼마나 될까? 약 170도 정도로 알려져 있다. 이는 아무리 눈을 크게 뜨고 노력해도 내 등 뒤의 세상, 즉 나머지 180도는 결코 혼자 힘으로 볼 수 없음을 의미한다.

인간의 마음도 이와 같다. '답은 내 안에 있다'는 것은 불변의 진실이지만, 문제는 '내 안'이 내가 인지하는 것보다 훨씬 광대하다는 데 있다. 나 혼자만의 시선으로는 내면의 사각지대(Blind Spot)까지 모두 보기가 힘들다. 온전한 360도의 나를 마주하기 위해 새로운 관점이 필요하다.

Points of You는 바로 이 지점에서 작동한다. 이 도구는 타인의 시선, 혹은 '카드'라는 제3의 시선을 통해 내 안에 갇혀 있던 좁은 시야를 허물고 관점을 확장하도록 돕는다. 타인과의 대화나 카드가 던지는 질문은 정답을 내려주는 해설지가 아니다. 그것은 내 시야가 닿지 않는 곳을 비추는 거울이자, 나를 확장시키는 촉매제다. 제3의 시선을 빌려 나를 더 입체적으로 이해하는 것, 이것이야말로 나를 찾아가는 가장 주체적인 노력이다.

Points of You 툴킷에서 사용하는 기법은 머리로는 도달하지 못했던 감정과 감각을 끌어올려 지금의 나와 마주하게 한다. 정체성이란 결국 내가 살아온 삶에서 반복적으로 드러난 특성과 관점, 가치들이 응

집된 에너지다. Points of You 기법은 내가 지금 어떤 자기개념을 중심으로 자신을 바라보고 있는지를 알아차리게 하고, 그것이 나의 정체성과 정렬을 이루고 있는지도 탐색하게 한다.

방법은 단순하다. Points of You 툴킷이 있다면 이미지를 무작위로 뽑아 질문과 연결하고, 떠오르는 직관과 감정을 탐색한다. Points of You 툴킷이 없어도 충분히 가능하다. 창밖의 나무, 커피잔 위의 김, 스쳐 간 표정, 오늘 내가 고른 옷의 색을 떠올려 보자. 그것을 한 장의 사진이라 상상하고, 자신에게 이렇게 물을 수 있다.

- **지금 이 장면에서 가장 눈에 들어오는 요소는 무엇인가?**
- **이 장면이 찍히기 1분 전에는 무슨 일이 일어났었는가?**
- **이 장면이 불러일으키는 감정, 기억, 느낌은 무엇인가?**
- **제목을 붙인다면 무엇이라고 할 수 있을까?**

장면과 질문을 따라가다 보면, 내가 놓치고 있던 무의식의 단서가 떠오른다. 무엇을 좋아하고, 무엇을 불편해하며, 어디로 향하고 싶은지가 자연스럽게 드러난다. 일상 속 작은 장면이 하나의 거울이 되어 나를 비추는 것이다.

Points of You는 변화 속에서 확장 되어가는 '나'를 직관이라는 강력한 도구를 통해 나의 진실을 비추어 준다. 170도의 좁은 시야를 벗어나, 다양한 관점을 통합하여 360도의 온전한 나를 만나는 것. 지금 이 순간, 나의 감각과 시선이 닿아있는 한 점에서 출발하는 자기이해의 여정이다.

실패라는 스승: 넘어지는 법을 배우다

"가장 좋은 선물은 시련이라는 포장지에 싸서 준다."

이 격언은 고통과 실패마저도 삶의 의미를 찾아가는 보물찾기처럼 바라보게 한다. 실패의 순간에는 왜 이런 일이 내게 일어나는지 알 수 없지만, 시간이 흐른 뒤 되돌아보면 그것이 나를 진화시키는 결정적 한 점이었음을 깨닫게 된다.

가수이자 미국 변호사인 이소은의 이야기가 그렇다. 무대 위에서 노래하며 대중의 사랑을 받던 그녀는 돌연 음악 활동을 접고 미국 로스쿨에 진학했다. 그러나 그 길은 순탄치 않았다. 첫 시험에서 낙방했고, 중간고사 성적은 반에서 최하위. 공부도 자신감도 무너져 스스로를 '실패한 존재'라 여겼다. 모든 것이 흐려지던 그때, 어머니로부터 작은 선물과 함께 한 장의 엽서를 받았다.

"너의 실패를 축하한다. 이 실패의 경험이 5~6년 뒤에는 너에게 가장 큰 기회로 다가올 거야. 그때의 밑거름이 된 오늘은 너무나 축하할 만한 날이다."

그녀는 그 엽서를 보며 처음으로 실패가 축하받을 수 있는 일이라는 사실을 받아들였다. 성공만이 존재를 증명하는 것이 아니라, 실패도 존재의 일부로 받아들여질 수 있다는 인정. 그녀는 그 경험을 통해 자신이 진짜 누구인지, 무엇을 지키고 싶은지에 대한 감각을 되찾았다고 고백했다.

이 이야기를 들었을 당시 나는 스타트업 생태계를 응원하는 일에 몰두하고 있었다. 창업은 언제나 불확실성과 함께한다. 통계에 따르면 창업자 열 명 중 아홉은 실패한다. 언론은 성공한 1명의 이야기를 조명하지만, 나머지 9명의 실패는 쉽게 잊힌다. 그러나 실패를 외면하는 문화 속에서는 아무도 도전의 길을 오래 걸을 수 없다. 그래서 나는 이소은 어머니의 엽서에서 영감을 받아 '모든 실패는 축하받고 존중받아 마땅하다'라는 메시지를 내걸고 헤이스타트업(Hey, Startups)이라는 축제를 개최했다. 이 축제는 실패를 위로나 격려의 말로 덮어 주는 자리가 아니었다. 실패를 인정하고, 그것 자체를 축하하며 서로의 용기를 응원하는 자리였다.

참가자들은 전원 실패를 겪은 이들로 일명 금삽러라고 불렀다. 부모님의 든든한 지원이 있는 사람들을 뜻하는 금수저에서 파생된 별명이었다. 비록 금수저는 없지만 하고 싶은 것을 깊게 팔 수 있는 금삽이 있다는 뜻이다. 이 축제에서는 자신의 실패를 당당히 이야기했고, 듣고 있던 다른 금삽러들은 뜨거운 박수와 엄지척으로 응원했다. 실패는 부끄러운 낙인이 아니라, 도전의 흔적이라는 사실을 몸소 확인하는 시간이었다.

이 행사는 기대했던 것 이상으로 훨씬 더 성공적이었다. 누군가는 말했다. "실패를 했다는 건 내가 원하는 것을 시도했다는 증거다. 그 자체로 축하받을 이유가 된다." 또 다른 이는 "나만 실패한 게 아니구나"라는 삶의 자연스러운 이치임을 깨닫고 다시 자신을 믿기 시작했다. 실패를 시장의 잣대가 아니라 삶의 관점에서 바라볼 때, 그것은 새로운 길을 여는 관문이 되었다.

우리는 모두 각자의 길을 걷는다. 때로는 넘어지고, 멈추고, 방향을 틀기도 한다. 그러나 그 모든 순간은 배움의 여정이며, 나를 알아가는 과정이다. 실패는 나를 무너뜨리는 적이 아니라, 더 단단하게 일어서게 하는 스승이다. 결국 그것이 나만의 고유한 이야기이고, 정체성의 흔적이다.

지도를 버리고 펄떡이는 심장을 따라가라
- 이지현

명상과 코칭의 융합을 통해 리더 스스로 자신의 내면을 탐색하여 정체성을 단단히 세우도록 돕는 내면성장 코치(Inner Growth Coach)이다. 2006년 코칭을 처음 만난 순간부터 '사람을 성장시키는 힘'에 사로잡혀 박사과정에서 코칭리더십을 탐구했고, 한국코치협회 KSC와 ICF PCC 자격을 갖추고 자격인증심사위원 및 프로그램 심사위원으로 활동하고 있다.

LG전자와 LG CNS에서 인사와 조직문화를 담당했고, 창신Inc에서 인사와 교육을 총괄 임원으로 Global 인사체계를 정립하고 시스템화하는 데 기여했다.

현재는 휴먼코칭앤컨설팅 대표로 코칭과 강의를 하고 있으며, 경남대학교 겸임교수 및 한국경영인증원의 전문위원으로 기업컨설팅을 하고 있다. 최근에는 명상과 코칭을 결합해 '내면을 단단히 세우는 리더십'에 집중하고 있다.

30여 년간 개인과 조직의 성장을 위해 노력한 내용을 담은 글을 모아 『진짜 나를 만나는 7가지 방법』, 『코치나 되어 볼까』, 『이직이나 해볼까?』 등의 책을 썼다.

지도가 있어도 길을 잃다

"우리가 따라야 할 가장 정직한 지도는 심장의 박동이다."

– 데이비드 화이트(David Whyte)

어느 날 문득, 훌쩍 떠나고 싶을 때가 있다. 어디를 가고 싶다든가, 어떤 목적이 있어서가 아니다. 가슴이 답답하거나 일상이 너무 무료해질 때, 혹은 일에만 파묻혀 있었을 때 그 일상을 벗어나 어디론가 내달리고 싶어질 때. 그럴 때마다 가장 먼저 챙기는 것이 바로 지도다. 지도는 누군가가 산을 넘고, 계곡을 오르고 바다를 건너간 기록이다. 지도의 형태는 시대에 따라 바뀌었다. 예전에는 한 손에 들기도 어려운 두꺼운 지도책이었다면 지금은 손바닥 안 핸드폰 어플이다. 지도는 지금 내가 어디에 있는지 알려준다. 목적지까지 얼마나 남았는지, 앞으로 얼마나 더 가야 하는지. 그렇게 지도는 여행에서 꼭 필요한 필수품이다.

차장 시절, 말레이시아에서 열리는 인사세미나에 참석하게 되었다. 세미나 시작 전 이틀 연휴가 있었다. 좋은 기회다 싶어 말라카(Melaka)에 가려고 일찍 출발했다. 말라카는 말레이시아의 과거 모습을 볼 수 있는 작은 소도시로 우리나라로 치면 경주 같은 곳이다. 여행을 마치고 세미나가 열리는 쿠알라룸푸르로 돌아오기 위해 버스터미널을 찾아가는데, 아무리 길을 가도 보이지가 않았다. 버스 탑승 시간은 다 되어 가는데 터미널이 보이지 않아 나는 허둥지둥 발걸음을 옮기고 있었다. 그 때, 내 옆을 지나가던 10살 정도 되는 여자아이가 말을 건넸다. "어디를 가세요?" 지도를 보여주었더니 그 아이는 나를 바로 다음 블록에 있는 터미널로 데려다 주었다. 허둥대던 나는 짧은 거리를 더 먼 거리로 착각하고 헤매고 있었던 거다. 지도를 손에 들고서도 나는 다른 곳을 헤매고 있었다.

지도에는 살아있는 세상이 없다. 지도는 살아있는 세상을 종이 위에 욱여넣어 '죽은 정보'로 만들어 놓은 것일 뿐이었다. 지도 속에서 세상은 가만히 있을 뿐이다. 그래서 지도는 이미 지나온 자의 죽은 정보만이 담겨 있을 뿐, 살아서 내 삶에 들어올 수가 없다.

삶이라는 여행에서 지도는 부모의 사랑으로, 선배의 조언으로, 위인들의 전기 등 다양한 모습으로 나에게 주어졌다. 그 지도는 어느 정도는 적절했지만, 언젠가부터 엉뚱한 곳으로 안내했고, 막판에는 나를 벼랑으로 몰고 갔다. 그 지도 속에 있었던 길은 그들의 길이었을 뿐, 내 길은 아니었다.

내가 원하는 지도는 펄떡거리며 살아있는 세상을 담고 있어야 했다. 살아있는 세상에는 푸르게 반짝이는 나무가 가득한 산이 있고, 온몸을 부딪치며 바다로 나아가는 강이 있으며 바람이 만들어 내는 모래언덕이 가득한 사막이 있다. 나만의 지도를 그리기 위해 손과 발을 바쁘게 움직이도록 하는 것은 내 심장이었다. 여태껏 내 심장이 이끄는 대로 지금까지 왔다. 지금 그 심장이 새로운 곳으로 나를 이끌어 가려고 한다. 지금 나는 앞으로 가야 할 곳을 바라보고 있다. 한 번도 가보지 않은 곳이다.

　내 앞에 놓인 새로운 세계는 바로 '노년'이라는 사막이다. 그 세상은 지금까지와는 달리 너무나 모호하다. 지난 시간 동안에는 멀리 산도 보이고, 들도 보였다. 어디쯤 가면 될지, 얼마나 걸으면 될지 알 수 있었다. 하지만 앞으로 내가 가야 할 곳은 지도 속에서조차 텅 비어 있는 사막이다. 얼마나 가야 할지, 저 모래언덕을 넘으면 무엇이 있을지 짐작조차 할 수 없다. 끝없이 이어지는 모래언덕과 모래를 머금은 바람이 휘몰아치는 사막을 바라보는 나의 가슴에는 두려움, 막막함이 있을 뿐이다. 과연 지금까지 잘 움직여준 손과 발이 제대로 움직일지, 내 심장은 그대로 뛰어줄지, 지금까지 했던 수많은 경험이 도움이 될지, 누군가의 도움을 얻을 수 있을지 등 모든 것이 막막하다.

　지도 속의 사막은 텅 비어 있지만 그 텅 빈 지도 속 사막에는 쉴 새 없이 움직이는 모래언덕과 모래언덕을 만드는 바람이 있다. 실체가 있지만 고정되어 있지 않은 곳, 어떤 돌발상황이 발생할지 모르는 그런 곳을 나는 나의 발길로 나아가야 한다. 이 상황에서 내가 선택할 수 있는 것은 내 지도를 만들게 했던 내 심장뿐이다. 강한 근육으로 붉고 뜨거운 피를 끊임없이 내 손과 발로 보내는 '펄떡이는 심장' 말이다.

　크롬볼츠는 성공한 사람들이 어떻게 해서 그 자리까지 오게 되었는지를 궁금해했고, 그들을 연구하여 "계획된 우연이론(Planned Happenstance Theory)"을 발표했다. 그는 우연히 일어난 일에 대해 개인이 보인 특정한 태도에 따라 우연이 성공으로 연결된다는 것을 발견했다. 즉 호기심을 가지고 지속적으로 노력하고, 상황에 적응하고 긍정적일수록 우연을 성공의 요소로 발전시킬 수 있다고 했다. 우연히 발생한 일이 성공으로 연결되기 위해서는 개인의 특성도 중요하다.

'우연'이 삶을 바꾼 경우 중 가장 널리 알려진 사례는 일본 최고의 작가인 무라카미 하루키가 소설가가 된 사연이다. 야구를 좋아하던 하루키는 어느 날 야구 경기장에서 비스듬히 누워 야구 경기를 보고 있었다. 그러던 순간 '소설이나 써볼까?'하는 생각이 머리를 스쳤고 그날부터 바로 소설을 썼다. 그때 쓴 『바람의 노래를 들어라』는 알다시피 군조 신인문학상을 받았다. 그 후 하루키는 지금까지 최고의 소설가로 활동 중이다. 삶에서 '우연'은 하루키에게는 그렇게 아주 조용하게 들어왔다. 그렇다면 나에게는 어떤 우연이 찾아와서 내 심장을 뛰게 만들었을까? 나에게 우연은 "호기심"이라는 이름으로 찾아왔다.

호기심이 심장을 뛰게 했다

"나는 특별한 재능이 없다. 단지 열렬한 호기심이 있을 뿐이다."

– 아인슈타인

91년 여름방학을 앞둔 어느 날이었다. 창밖에는 초여름 햇살을 기다렸다는 듯 반짝거리는 파란 나뭇잎이 가득했다. 마음 한쪽에는 이제부터 방학이라는 즐거움이, 또 한 편에는 마지막 한 학기를 마치면 취업을 해야 한다는 걱정이 있는 시기였다. 나에게는 나뭇잎이야 푸르든 말든 앞으로 한 학기만 지나면 취업으로 세상으로 나가야 한다는 두려움이 조금 더 컸다. 좀처럼 모습을 보이지 않던 지도교수님이 하얀 연구복을 입고 갑자기 강의실로 들어오셨다. 눈을 똥그랗게 뜨고 쳐다보는 우리에게 "기업에서 취업 추천서가 왔다. 관심 있는 학생은 연구실로 찾아와라." 한마디를 툭 던지고 나가셨다.

순간 머릿속으로 파고들어 오는 한마디.

'추천서가 어떻게 생겼을까, 궁금한데?'

수줍음이 많은 나는 친구들에게 힘겹게 말을 꺼냈고, 그 말을 들은 친구들은 내 등을 떠밀었다. 기어들어가는 목소리로 교수님께 추천서를 요청했고, 며칠 뒤 잘 준비하라는 격려와 함께 추천서를 받았다. 나중에 알았지만 논문 준비를 도와드린 교수님이 나를 적극 추천했다고 한다. 난생 처음으로 추천서와 이력서를 작성하고, 6월에 생전 처음 입사 면접을 보고 합격했다. 4학년 2학기 수업을 남겨놓은 나는 그렇게 순식간에 직장인이 되었다. 대학생에서 직장인으로 전환은 쉽지 않았지만, 그런대로 잘 적응했다. 그렇게 시작한 직장생활은 거의 30년간 이어졌다.

두 번째의 "궁금한데?"가 나에게 온 것은 입사 5년차에 프로젝트 리더로 프로젝트를 마무리하는 시점이었다. 약 8개월간 진행한 프로젝트 기간 중 자정 전에 퇴근한 날은 손에 꼽을 정도로 바쁘고 피 말리는 시간이었다. 온몸을 갈아 넣은 프로젝트가 끝나고 나자 본사 인사 부서에서 함께 근무하자는 제안을 했다. 꿈으로만 생각했던 서울 근무 기회가 생긴 거다. 두렵기도 했지만, 반면에 서울 생활이 궁금하기도 했다. 결국 "궁금한데?"의 승리로 서울 근무를 결정했다. 창원 동료들로부터 축하와 걱정의 배웅을 받으며 서울 근무를 시작했다.

그 뒤는 짐작한 대로다. 쉽지 않았다. 입사 후 4년 동안 세탁기만 들여다보고 있던 설계실 대리가 인사교육 업무를 알 리가 없지 않은가. 서울 근무 6개월이 지난 즈음 사표를 만지작거리는 상황이 되었다. 회사를 그만두고 뭘 할 수 있을지 찾아봤지만 적당해 보이는 것은 없었다. 어떤 일은 시도할 수도 없었고, 어떤 일은 바닥부터 시작해야 했다. 그렇게 바닥부터 시작할 거면 지금 있는 곳에서 더 노력하는 게 낫겠다는 판단을 했다. 마음을 다잡은 나는 필요한 지식과 역량을 가지기 위한 도전을 시작했다. 대학원 진학을 했고 사내 교육을 섭렵하기 시작했다.

세 번째의 "궁금한데?"는 석사 공부를 하는 중에 다가왔다. 내가 선택한 곳은 경영에 대한 기본적인 지식을 쌓는 경영대학원이다. 대학원을 다니는 동안 동기들과 어울리는 것도, 수많은 책들이 잠들어 있는 도서관을 쏘다니는 것도 좋았다. 그곳에서 나는 또 "궁금한데?"의 발동으로 남들이 가지 않는 가시밭길을 선택했다. 졸업요건에 논문 제출이 필수가 아님에도 논문을 쓰겠다고 신청한 것이다. 덕분에 한 학기동안 뜬눈으로 밤을 새우고, 온 방바닥에 자료를 늘어놓고 살았다. 연구 결과 분석을 위해 통계프로그램을 붙잡고 며칠 밤을 새우기도 했다. 무모한 도전이었으나 정해진 기간 내 논문을 제출했고, 석사 학위를 받았다. 이 고생은 이후 박사과정에서 보상받았다. 석사논문 쓰는 것보다 박사논문 쓰기가 더 쉬웠다.

네 번째 "궁금한데?"는 첫 번째 직장을 마무리하고 한참 대학 강의를 하고 있을 때 찾아왔다. 첫 직장은 부장으로 마감했다. 부장이라는 직위까지 한 것도 감지덕지할 일이긴 하지만, 임원 역할을 해보지 않은 것이 아쉬웠다. 그러던 중에 "임원직을 찾는데 관심이 있느냐?"는 연락을 받았다. 어김없이 호기심이 발동했다.

'임원을 어떻게 선발하는지 경험해 보는 것도 좋지 않을까? 궁금하니까!'

그 생각으로 이력서를 보냈고, 나는 그 기업에서 약 5년간 임원으로 인사/교육을 총괄하게 되었다. 거의 대기업이었지만 인사조직은 물론 체계조차 갖추어지지 않은 상황이었다. 우선 인사제도와 체계를 정비했고, 본사와 인도네시아, 중국, 베트남에 위치한 4개 해외 생산공장의 인사체계를 일원화하고 시스템을 연결하는 프로젝트를 진행했다. 마지막으로 진행한 업무는 교육체계를 정비하고 회사에 필요한 기술인재를 육성하는 것이었다. 그렇게 약 5년간 해외와 국내를 망라해서 종횡무진 일을 하고 다녔다. 재미도 있었지만, 고생도 정말 많이 했다. 인종과 문화가 다른 사람들간의 인사체계를 만들어 나가는 것, 인사시스템을 연결시키는 것, 그리고 사람들 간의 이견을 좁히고 원팀으로 만드는 것 등등 산재한 어려움을 모두 겪었다.

돌아보면 '호기심'이 내 삶의 방향을 결정하는 동기였고, 내 심장을 더욱 힘차게 뛰게 하는 원동력이었다. 누군가는 이걸 열정이라고 하던데, 열정은 삶을 더 힘들게 만드는 유혹이었다. "궁금한데?"라는 한 마디로 시작된 일들은 내 삶을 태풍 속으로 끌고 들어갔고, 미친 듯이 움직여야 하는 상황 속으로 나를 내몰았다. "궁금한데?"로 인한 단순한 결정이 결과적으로는 지금의 나를 있게 했다. 그렇게 나의 "궁금한데?"는 나를 새로운 세상으로, 새로운 사람들에게로, 새로운 시간 속으로 끌고 들어갔다.

지금도 "궁금한데?"라는 한마디로 시작하는 '호기심'이 내 심장을 뛰게 하는 원동력이라는 것에는 추호의 의심도 하지 않는다. 그렇지만 호기심이 늘 그 자리에 있지 않다는 것도 안다. 바쁜 일상 속에 매몰되었을 때 어떤 일이 벌어졌는지는 지금도 아프게 기억하고 있다. 늘 바빴지만 나의 '호기심'은 그 자리에 있을 것이라고 생각했다. "궁금한데?"로 나에게 말을 거는 심장이 멈춘다는 것은 상상도 해보지 않고 살았다. 그때까지 '바쁨과 호기심은 동의어'라고 생각했다. 남들에게는 열정적으로 뛰고 있는 것처럼 보였지만, 내 심장을 뛰게 하는 호기심은 점차 사라지고 있었다. 다람쥐가 바쁘게 쳇바퀴를 돌듯이 하루하루를 미친 듯이 땜질하며 살아가던 때, 내 심장은 오히려 차갑게 식어가고 있었다. 바로 그때, 그 일이 일어났다.

나를 망각하는 순간, 심장이 멈췄다

"우리는 스스로를 잊는 방식으로 살아간다. 그러다 문득, 우리는
더 이상 우리 자신이 아니다."

– 버지니아 울프

차가운 심장으로 바쁘게 미친 듯이 뛰어다니고 있었던 때였다. 겉으로 보이는 모습은 펄펄 살아 움직이는 듯했을 것이다. 수많은 일을 했고 더 많은 일을 하기 위해 미쳐 있었으니까. 그런 상황을 남들은 열정이라고 이름 붙일 수도 있을 것 같다. 한번 한다 했으면 잘 해야 했고 결국 어떤 일이든 해냈다.

그렇게 나는 점점 나를 단단하고 견고하게 만들어 갔다. 약해 보이지 않기 위해서, 더 단단해 보이고 싶어서, 더 힘이 있어 보이고 싶어서, 만만해 보이지 않고 싶어서. 그런 껍질 속으로 점점 더 나를 숨기고 살아가기 시작했다. 남들에게는 깔끔하고 새침하고 도도해 보이도록 가면을 쓰고, 가면 속의 나는 점차 작아지고 존재감이 없어져 갔다. 숨만 쉬고 있는 가시 많은 선인장 같았다. 그 속으로 '호기심'은 파고들 여지가 없었다.

로버트 피셔(Robert Fisher)의 『갑옷 속에 갇힌 기사』에는 용감한 기사가 나온다. 기사는 전쟁터에서 무서운 용과 싸워야 하고, 사랑하는 사람들을 지키기 위해 갑옷을 입었다. 그는 밥을 먹을 때나 잠을 잘 때나 갑옷을 입고 있었고, 참다못한 아내가 갑옷을 벗지 않으면 더 이상 함께 살지 않겠다고 선언한다. '아뿔사, 큰일 났다!' 싶은 기사는 갑옷을 벗으려고 했으나 이미 갑옷은 온몸에 달라붙어 벗겨지지 않았다.

갑옷 입은 기사처럼 일이 나를 대변한다고 생각하고 온몸과 마음을 바쳐 주어진 일을 했다. 중요하고 굵직한 일을 많이 했다. 내년도 전략 수립, 임원인사와 핵심인재 관리 그리고 리더십 진단 전체를 담당했다. 주요한 일을 하다 보니 나 자신이 중요한 사람인 양 기고만장했다. 핵심인재에게만 주어지는 해외 MBA를 갈 수 있는 기회를 노리기도 했다.

어느 날 갑자기 회의실로 오라는 호출을 받았다.

"왜 그랬는데?"

회의실에 들어가자마자 다짜고짜 대리가 과장인 나에게 내지른 한마디였다. 그 말을 듣는 순간 멍했다.

당시 사회적으로 기업의 정도경영이 화두였다. 각 기업에서는 내부 감사 등을 통해 관리체계를 정비해 나갔고, 동시에 비리 제보를 장려했다. 그러던 어느 날 근무했던 조직이 그룹 차원에서 감사를 받았고 몇몇이 징계를 받았다. 내부 제보로 인해 감사가 진행되었다는 소문과 함께 조직 내 몇 사람이 내부 제보자로 의심을 받았다. 의심을 받은 자 중 한 사람이 바로 나였다.

내가 하지 않은 일에 대한 의심을 받는다는 건 버티기 쉽지 않았다. 지금까지 얼마나 일을 잘 했고, 많이 했는지는 고려사항이 아니었다. 스스로를 갈아 넣으며 일한 덕분에 자신에게 떳떳했고, 미래에 대한 기대도 있었던 상황에서 한순간에 땅바닥으로 패대기쳐진다는 게 어떤 것인지 절절히 체감했다.

한번 의심을 받은 자는 의심을 벗기 어려웠다. 처음에는 나를 의심의 눈초리로 보는 이들을 원망했다. 그러다가 나 자신을 돌아보게 되었다. 나를 이끌었던 호기심이 있는지, 내 심장이 뛰고 있는지를. 나를 잊어버리고 살아온 시간이 길었던 만큼 나는 깊은 수렁으로 추락하고 말았다. 그때 알았다. 나 자신을 잃어버리면 어느 누구도 나를 돌봐주지 않는다는 것을. 내가 돌보지 않았던 심장은 나를 위해 뛰지 않는다는 걸. 내 심장을 뛰게 만드는 호기심이나 "궁금한데?"를 가져올 에너지도 없이 나는 바닥으로 무너져 있었다. 내가 만약 이대로 주저앉았다면 이 글을 쓰지 못했을 거다. 그렇게 만신창이가 된 나에게 또 하나의 '우연'이 찾아왔다.

다시, 심장이 뛰기 시작했다

"느끼는 법을 배울 때, 우리는 비로소 색을 되찾는다."

– 존 오도나휴(John O'Donohue)

로버트 피셔의 『갑옷 속에 갇힌 기사』에서 기사는 자기 자신을 찾기 위해 긴 여행을 떠났고, 다양한 사건을 겪으면서 자신의 녹슨 갑옷을 하나씩 벗어 나간다. 마침내 그는 피부에 달라붙은 갑옷을 벗고 무사히 가족에게 돌아온다. 그처럼 나에게도 내 심장에 스미는 작은 우연이 찾아왔다.

나를 잃어버리고 살아가던 내가 코칭을 만난 것은 아주 우연한 기회였다.

당시 담당했던 일 중 하나가 리더십 진단이었다. 몇백 명의 팀장을 대상으로 리더십 수준을 진단하고 결과를 알려주는 일이다. 그 결과를 토대로 리더가 스스로 자신의 리더십을 개발하도록 안내했다. 당시에 리더십교육은 기업 차원에서 지원하는 관리자교육 정도만 있을 뿐, 지금처럼 다양한 교육이 있지는 않았다. 리더십 진단 결과를 보고 놀란 리더들은 나를 찾아왔다. 답답한 리더는 진단 결과에 대한 해석은 물론 리더십을 개발할 수 있는 방법까지 달라고 했다. 하지만 당시 나는 리더십 육성에 대한 방법은 전혀 알지 못했고, 어쩔 줄 몰라 하는 리더를 보면서 나는 점점 더 답답해졌다. 그런 나에게 선배는 "코칭이라는 게 있다는데 한번 알아봐"라는 화두를 던졌다. 그 길로 선배가 알려준 코칭 대가를 찾아갔고, 코칭에 대한 설명을 들은 후 내친김에 코칭교육을 받으러 갔다.

1년간 진행하는 코칭교육의 첫 시간은 나에게는 충격이었다. 일반적인 교육은 강사가 앞에서 강의하고, 수강생은 책상에 앉아서 강의를 듣거나 질문에 답을 하는 정도였다. 그런데 코칭교육 첫 시간 강의장에는 누가 강사인지 누가 수강생인지 알 수 없도록 의자만 둥그렇게 놓여 있었다. 강사는 "이제부터 훈련 시작합니다" 한마디만 던지고 어떤 설명도 없었다. 이런 상황에 익숙한 듯한 참여자 몇 명이 여기저기서 툭툭 말을 꺼냈고, 몇 번 말이 오가더니 누군가 훌쩍거리면서 울기 시작했다. 그리고 이어지는 질문들. 이러다가 무슨 사이비 단체에 빠지는 것 아닐까 하는 생각까지 하면서 첫날을 보냈다.

이튿날 교육도 반신반의하면서 참석했는데 그날 사건이 터졌다. 내가 눈물 콧물을 쏟으면서 나에 대한 이야기를 하고 있는 게 아닌가. 지금까지 살아오면서 얼마나 감정을 억압하고, 누르고 무시하면서 살았는지, 그게 얼마나 스스로에게 상처를 주고 있었는지, 그게 얼마나 아픈지를 그날 알았다. 오로지 좋고 싫음의 흑백으로만 감정을 구분했던 내 속에서 감정들이 총천연색으로 휘몰아쳐 나오기 시작했다. 내 속에서 올라오는 다양한 감정들을 내가 아는 감정단어로는 표현할 수가 없었다. 말이 나오지 않으니 울먹임이 되고, 목 놓아 울부짖음이 되었다. 그만큼 내 속에서 터져 나오는 감정의 폭풍은 거셌다.

그날 이후 나는 내 감정을 들여다보고 살피기 시작했다. 뭔가를 결정할 때 머리보다는 마음과 몸이 먼저 반응한다는 것을 알았다. 감정은 충족되지 못한 욕구의 표현이고 삶은 감정의 동요 속에서 이어진다는 것을 알았다. 삶은 정해진 것이 아니라 감정의 소용돌이 속에서 스스로 지켜나가야 하는 소중한 것임을 그 때 알았다.

그 때부터 감정을 통해서 나 자신이 나에게 하는 이야기를 듣기 시작했다. 그렇게 나는 나 자신과 서서히 친해지기 시작했다. 내 속에서 어떤 것들이 올라오는지 살펴보기 시작했다. 심장이 뛰는 것도 다시금 바라보면서.

사막에서 새로운 심장과 만나라

"우리가 떠나지 않으면 아무것도 시작되지 않는다."

– 파울로 코엘료

"사람은 바뀌지 않는다."

이게 지금까지의 정설로 알고 있는데 정말 사람이 바뀌지 않을까? 지금의 나는 과거의 나와 완벽하게 같은 사람일까? 답은 '아니다'이다. 사람은 바뀐다. 하지만 쉽게는 바뀌지 않는다. 그게 정답이다.

사람이 바뀌기 위해서는 죽음을 경험해 봐야 한단다. 죽음 앞에서는 지금까지 모든 일들이 주마등처럼 지나간다고 한다. 죽음의 문턱까지 갔다온 이들 중 지금까지 해온 일을 떠올렸다는 사람은 본 적이 없다. 그들은 원했지만 하지 않았던 것들을 후회하고, 챙기지 못했던 사람들의 얼굴이 떠올랐다고 한다. 그 상황이 되면 과연 나는 무엇을 떠올릴까. 늘 시도하지만 원하는 수준까지 도달하지 못한 피아노 연주, 혹은 커버를 벗겨보지도 않은 기타가 생각날까? 가족들과 더 많은 시간을 보내야 했는데 하는 후회일까?

코카콜라엔터프라이즈 전 CEO 브라이언 다이슨(Brian Dyson)은 1991년 조지아텍 졸업연설에서 인생을 다섯 개의 공을 굴리는 저글링이라고 했다. 그 공은 일, 가족, 건강, 우정, 영혼이다. 가족, 건강, 우정, 영혼은 바닥에 떨어지면 바로 깨지지만, 일은 절대로 깨지지 않고 다시 튀어 오르는 고무공이라고 했다. 다시 튀어 오르는 고무공 때문에 조심히 다루지 않으면 깨지는 크리스탈공을 제대로 간수하기 어렵다고 했다. 내가 코칭으로 만났던 CEO와 리더들도 비슷했다. 이들은 튀어오르는 고무공을 받아내기 위해 온 몸과 마음을 내던지고 있었다. 그러는 동안 소중한 크리스탈공 들은 바닥에 떨어져 부서진 파편이 되어갔다. 과거의 나도 비슷했다. 일이 우선이었고, 가족들, 나의 미래는 뒷전이었다. 지금 각자의 삶에는 몇 개의 크리스탈 공이 남아있을까? 남은 크리스탈공을 지키기 위해서는, 혹은 다시 만들기 위해서는 당연히 과거처럼 살아서는 안된다. 그렇다면 도대체 삶을 어떻게 바꾸어야 하고, 무엇을 해야 하는 것일까?

일본의 경영학자 오마에 겐이치(大前研一)는 『난문쾌답(難問解決, Nanmon Kaitō)』에서 "인간을 바꾸는 방법은 세 가지뿐이다. 시간을 달리 쓰는 것, 사는 곳을 바꾸는 것, 새로운 사람을 사귀는 것. 이 세 가지 방법이 아니면 인간은 바뀌지 않는다. 새로운 결심을 하는 것은 가장 무의미한 일이다."라고 했다. 즉 삶을 바꾸기 위해서 필요한 조건 세 가지가 낯선 장소, 낯선 시간, 낯선 사람이라는 말이다.

변화를 원한다면 여행을 가라고 한다. 낯선 장소에서 낯선 시간을 마주하고, 낯선 얼굴을 보다 보면 지금까지 나를 둘러싸고 있던 생각의 틀이 깨진다고. 현재에서 벗어나 자신의 삶을 찾아가는 여행 말이다. 어색한 공간에서 어색함을 견디다 보면 지금까지의 내 삶을 구성했던 체계가 흐트러지기 시작한다. 정말 그랬다.

나는 여유 시간이 생기면 여행을 떠났다. 눈이 시릴 정도로 푸른 티 벳 하늘을 보면서 광대한 자연 속 인간의 삶은 티끌도 안 된다는 생각을 했다. 인간의 힘으로 가능할까 싶을 정도로 정교한 조각품으로 온 몸을 감싸고 있는 캄보디아 앙코르유적지 반테이스레이에서는 '인간의 능력이 어디까지이며 나는 과연 그렇게 노력하고 있는가?' 하는 자괴감도 느꼈다. 다양한 피부색의 사람들 사이에서 나라는 존재의 희미함을 느끼기도 했다. 나는 거대한 자연 속에서나 수많은 군중 속에서 그냥 스쳐 가는 하나의 정말 하찮은 존재였을 뿐이다. 이런 존재인 내가 무엇을 그리 고뇌하면서 살아가나 싶었다. 밀란 쿤데라의 『참을 수 없는 존재의 가벼움』을 손에 들고 흔들고, Queen의 "I want to break free" 라도 불러야 하나 싶다. 나는 원래 그런 미미한 존재라고. 거대한 자연이나 건축물 앞에서 인간이란 존재의 미미함을 깨달으면서 나는 나 자신에 대해 다시 생각하게 되었다.

지금까지의 공간은 무엇이라도 채워져 있는 곳이었다. 나무와 풀이 있고, 인간이 만든 건축물이 있었다. 하지만 이런 인위적인 것이 전혀 없이 아무것도 존재하지 않는 텅 빈 사막을 마주하게 된다면 어떠할까? 삶을 바꾸고 싶다면 장소와 시간, 사람을 바꾸라는데, 이 모든 것을 한꺼번에 할 수 있는 곳이 바로 "사막"이다. 사막은 철저하게 자연의 시간을 따라간다. 사막에서는 태양과 달, 별 이외의 빛이 없다. 태양이 뜨면 일과가 시작하고, 태양이 지면 일과의 끝이다. 자연에 따르지 않고 섣불리 나섰다가는 낭패를 당하기 십상이다. 밤의 사막은 사막에 들어선 이들이 스스로를 돌아보는 시간을 허락했지 움직이도록 허락하지 않는다. 오직 모래와 바람과 해와 달과 별이 있을 뿐이다. 서걱거리는 모래소리와 모래언덕을 만드는 바람소리만이 있을 뿐이다. 사막은 '고독'과 동의어다.

지도에 담을 수 없는 언덕과 바람이 있는 사막은 그러한 고독함으로 누구에게나 공간을 내어준다. 사막의 텅 빈 공간은 모든 것을 받아들일 수 있기 때문이다. 삶의 방향을 재정립하고 새로운 삶을 찾고자 하는 이는 사막이 내어준 공간에 스스로를 고립시킨다. 고립 속에서 기억을 더듬고, 현재를 생각하고, 미래를 바라보는 자신과 마주할 것이다. 지금까지 살아온 수많은 날은 모래 알갱이가 되고, 모래 알갱이는 발이 디딜 수 있는 모래언덕이 되어줄 것이다. 그 모래언덕을 딛고 있는 두 다리는 현실을, 앞으로 가야 하는 사막을 바라보는 눈은 미래를 향해 있다. 그 속에서 누군가는 새로운 삶을 꿈꿀 것이고, 누군가는 지난 날의 기억을 더듬을 것이다. 무엇이든 좋다. 그 모든 행동이 삶을 위한 길이다.

편한 곳에 자리를 잡고 앉아 눈을 감고 상상해 보자. 지금 내가 있는 곳은 모래와 바람과 해와 달, 그리고 별만 있는 사막이다. 나는 지금 철저하게 혼자다. 내가 만날 수 있는 것은 사막의 모래언덕을 바라보고 있는 나 자신과 내 속에 있는 펄떡거리며 뛰는 심장뿐이다. 늘 힘차게 뛰고 있지만, 존재조차 인지하지 못했던 심장. 하지만 이제는 심장의 소리를 들을 수 있는 사막으로 나왔다. 조용히 귀 기울여 심장의 소리, 심장의 속삭임, 심장의 노랫소리를 들어봐야 하지 않겠는가?

이제 내 내면에 있는 펄떡이는 심장을 만나러 갈 시간이다. 그리고 조용히 심장에게 물어보자

- **나는 지금까지 무엇을 하며 살아왔는가?**
- **지금 삶은 만족스러운가, 불만족한가?**
- **앞으로 무엇으로 삶을 채울 것인가?**

이제는 미래를 위한 준비 시간이다.

심장이 진짜 원하는 것을 찾는 법

"가장 깊은 곳에서 자신을 만날 때 비로소 삶이 시작된다."

– 칼 융(C. G. Jung)

:: 내가 없는 자기소개서

2007년에 구본형의 "나를 찾아가는 여행" 워크숍에 참여했다. 자기소개서 제출이 필수조건이었다. 자기소개서를 쓰는 데 며칠이 걸렸다. 그렇게 어렵게 써낸 자기소개서를 본 구 선생님은 "글 속에 네가 없다"고 했다. 그 말이 이해되지 않았다. 며칠 동안 고민해서 나에 대해서 썼는데 내가 없다니.

이제는 선생님의 말을 이해할 수 있다. 그 때 써낸 자기소개서에 적힌 것은 내가 했던 '일'이었지 '나 자신'이 아니었다. 내가 무엇을 좋아하는지 무엇을 하고 싶어하는지에 대한 내용은 전혀 없었다. 그때부터 고민이 시작되었다. 나는 진짜 원하는 것을 찾기 위해서 무엇을 하는가. 나는 과연 무엇을 좋아하고 무엇을 하며 주로 시간을 보냈던가.

지금 자기소개서를 쓴다면 오롯이 나 자신에 대한 이야기를 할 수 있을 것 같다. 그 글에는 내가 좋아하는 것, 내가 주로 무엇을 하면서 시간을 보내는지, 앞으로 무엇을 하면서 삶을 향유할 것인지를 담을 것이다. 그걸 쓰기 위해서 필요한 질문은 이렇다.

- 나는 무엇을 하면서 시간을 보내는가?
- 무엇을 할 때 시간 가는 줄 모르고 몰입하는가?
- 무엇을 할 때 가장 행복한가?
- 단 하나만 할 수 있다면 무엇을 할 것인가?

위 질문에 답을 해보자. 지금 바로 펜을 들고 머릿속에 떠오른 생각을 그대로 적어보자. 특히 내가 바라는 것, 기대하는 것 등 호기심이 이끄는 대로 써 보면 된다. 답을 쓰다 보면 심장이 두근거리는 부분이 있을 거다. 그럼 그걸 하면 된다. 그 행동은 생명력을 가지고 원하는 삶으로 우리를 이끌어 줄 것이다.

글쓰기 중에서도 내가 가장 의미를 두는 건 바로 '미래 자서전'이다. 미래 자서전은 미래에 이루고 싶은 모습을 현재 시제로 쓰는 기록이다. 나는 지금까지 총 7번의 미래 자서전을 썼다. 내가 처음으로 미래 자서전을 쓴 것은 앞서 언급한 2007년 "나를 찾아가는 여행"에서였다. 총 10개의 장면을 썼고, 몇 년 사이에 '결혼', '박사학위 취득', '개인코칭프로그램 개발', '해외여행' 등 다섯 가지가 이루어졌다. 다음 미래 자서전에서는 이루어진 부분을 제외하고 새로운 장면을 추가했다. 새로운 장면을 추가할 때마다 많은 생각을 한다. '내가 정말 바라는 모습인가? 나는 이것을 이루었을 때 어떤 모습이길 바라는가?' 이런 생각을 하면서 정성 들여서 장면을 추가한다. 미래 자서전이 얼마나 강한 힘을 가졌는지 잘 알기 때문이다.

이번 책을 쓰면서 새로운 자서전을 써내려 갔다. 새로운 장면으로 '해외에서 노마드로 살아가기', '명상 전문가로 활동하기', '내 이름을 건 콘텐츠' 등이 추가되었다. 새로운 자서전은 또 새로운 힘으로 나를 이끌어 줄 것이다.

:: 미래 자서전 써 보기

미래를 상상하는 것만으로도 가슴이 뛰었으면 한다. 가슴 뛰지 않는 미래는 이루어지지 않는다. 상상은 머리로 하는 것이지만, 그 모습을 현실로 만드는 것은 팔과 다리이다. 그리고 팔과 다리를 움직이는 것은 심장이 밀어내는 붉은 피이기 때문이다.

이제부터는 가슴 뛰는 미래를 위해 무엇이 필요한지 살펴보자.

미래 자서전에서 가장 중요한 것은 언제 시점으로 미래를 그려볼 것인가이다. 원하는 모습이 되어 있는 미래의 어느 시점을 떠올려보자. 미래의 그날, 그 자리에 내가 무엇을 하고 있는지를 기사 쓰듯이 쓴다. 미래지만 현재의 시점으로 말이다.

상상할 때는 오감을 모두 활용하자. 어떤 소리가 들리는가? 어떤 향기나 냄새가 나는가? 산들바람이 느껴지는가? 어떤 물건이, 건물이, 사람들이 보이는가? 구체적으로 어떤 모습인가? 내가 바라는 모습이 되었을 때 주변에서 혹은 내면에서 어떤 소리가 들리는가? 나는 어떤 모습을 하고 있는가? 어떤 옷을 입고, 어떤 표정을 하고, 어떤 장소에 있는가? 그렇게 오감을 모두 동원해서 글을 쓴다. 참고로 글의 말미에 내가 쓴 미래 자서전 중 20년 뒤의 모습을 넣어뒀다. 미래의 자서전을 쓰는 데 도움이 되길 바란다.

60대로 들어가는 사람들을 일컬어 "새로운 삶"이라는 의미로 "신중년"이라 부른다. 조만간 그 연령대에 들어서야 하는 나에게 이 말은 설렘보다는 두려움을 불러왔다. 지금까지 겪어보지 않은 문제들이 다가올 것이다. 그것은 건강의 문제일 수도 있고, 가족과 삶의 관계에 관한 문제일 수도 있다. 어떤 것이든 겪어보지 않은 미지의 영역이라는 점에서 나는 이 시점이 마치 "건너야 하는 사막을 바라보고 서 있는 두려운 순간"처럼 느껴졌다. 사막은 인류 역사에서 늘 고난의 장소로 여겨져 왔다. 한 걸음 잘못 나아가면 길을 잃을 수도 있기 때문이다.

그렇지만 사막은 생명을 살리는 오아시스를 품고 있고, 우리에게 자신과 마주할 수 있는 여유를 주는 곳이기도 하다. 돌아보면 지금까지 내 삶을 이끌어온 힘은 거창한 계획이 아니라, 스스로에게 던지던 "궁금한데?"라는 질문과 여전히 펄떡이고 있는 심장이었다. 사막 앞에 선 지금도 마찬가지이다. 막연한 두려움은 분명 존재하지만, 그 사막 어딘가에 있을 오아시스를 향해 가보고 싶게 만드는 호기심과 심장 또한 나와 함께 있다. 앞으로 맞이할 새로운 시기 역시 이 호기심과 심장이 함께 나를 이끌어갈 것이다.

2045년 우아한 노년

: 여전히 여행과 책, 사람들과 함께하다. (75세)

햇살 좋은 오후다. 넓은 창으로 들어오는 바람에 레이스 커튼이 가볍게 흔들리고 있다. 바람에 흔들리는 풍경소리가 은은하게 들려오는 것을 보니 바람이 기분 좋게 불고 있나 보다. 창밖과 읽고 있는 책으로 눈길을 왔다 갔다 하면서 소파에 비스듬히 누워 있다. 탁자에는 정원에서 아침에 거둔 로즈마리 잎을 우려낸 차가 싱그러운 향을 머금고 있다. 얇은 금박 무늬가 있는 하얀 사기잔은 내가 가장 좋아하는 그릇이다. 바람에 흔들려 멀리서 은은하게 들리는 풍경소리를 배경으로 거실 전체에는 이미 작고한 요요마가 연주하는 바흐 무반주 첼로 조곡이 흐르고 있다. 첼로 소리는 언제나 마음을 안정시켜 준다.

70세가 되면서 일을 줄이기 시작해서 지금은 거의 일과는 담을 쌓고 살고 있다. 하는 것이라곤 정원 가꾸기, 글쓰기, 책 읽기, 명상 등이다. 모두 마음이 내켜서 하는 일이지 과거처럼 억지로 하는 일은 없다. 아, 억지로 하는 게 하나 있기는 하다. 바로 매일 일정 시간 맨손체조라도 하는 것, 이 나이가 되니 '체력이 왕이다'는 절대진리가 되었다.

책 읽기는 예나 지금이나 여전히 많이 한다. SF소설이나 추리소설은 빠짐없이 읽으려고 하고, 가끔은 로맨스 소설을 읽기도 한다. 시간이 많아지니 드라마도 자주 보는데 어리디어린 주인공이 나오는 드라마를 보면서 울기도 한다. 나이가 이렇게 들어도 숫자에 불과할 뿐 마음만은 늘 소녀라는 말이 딱 지금 나에게 어울리는 말이다.

우리 집은 참새방앗간이 되었다. 인연이 있는 분들을 집에 초대해서 함께 먹고 마시고 이야기하는 시간을 즐긴다. 사람들이 맛난 과일이 생겼다며, 이쁜 장미가 피었다며 환한 웃음을 가득 담고 찾아온다. 자기 집처럼 먹을 것을 꺼내먹고, 거실 책장에 가득한 책 중에 흥미로운 것을 꺼내 읽고, 함께 이야기하거나 혼자 시간을 보내다 간다. 이 사람들의 불만은 우리 부부에게 여행 좀 그만 다니라는 거다. 여행을 가는 동안은 집에 올 수가 없기 때문이라나. 하지만 우리에게는 여행은 세상을 만나는 통로라서 마음이 동하면 훌쩍 둘이서 손잡고 여행을 떠난다. 조심하면서 스쿠버다이빙을 하고, 공연을 보고, 멋진 곳을 찾아다닌다. 연미복과 드레스는 우리 여행의 필수품이다. 긴 여행뿐 아니라 가끔은 그냥 간단히 배낭만 메고서 앞 동네로 훌쩍 갔다 오기도 한다.

지금 이 나이가 되니 삶은 원하는 대로 살아도 되는 거였다. 늘 바랐던 평온하고 우아한 노년이다.

참고문헌

- 로버트 피셔, 『갑옷 속에 갇힌 기사』, 뜨인돌, 2022.

- 무라카미 하루키, 『달리기를 말할 때 내가 하고 싶은 이야기』, 문학사상, 2009.

- 오마에 겐이치, 『난문쾌답(難問解決)』, 흐름출판, 2012.

- Brian Dyson, former CEO of Coca-Cola Enterprises, at Georgia Tech's 172nd commencement on September 6, 1991. "Imagine life as a game in which you are juggling some five balls in the air. You name them — work, family, health, friends and spirit — and you're keeping all of these in the air. You will soon understand that work is a rubber ball. If you drop it, it will bounce back. But the other four balls ~ family, health, friends and spirit — are made of glass. If you drop one of these, they will be irrevocably scuffed, marked, nicked, damaged or even shattered. They will never be the same. You must understand that and strive for balance in your life."

- Mitchell, K. E., Levin, A. S., & Krumboltz, J. D., Planned Happenstance: Constructing Unexpected Career Opportunities. Journal of Counseling & Development, 77(2), 115-124, 1999.

Act 2.

성장의 미학

Growing

배우고 적용하며 나답게 살아가는 길
– 정경신

교사로서 학생들과 함께하던 시간을 지나, 지금은 전문 코치로서 더 많은 사람의 성장을 돕고 있다. 교육 현장에서 '코치형 교사'로 살아온 경험을 바탕으로, 한국코치협회 KSC(Korea Supervisor Coach)와 국제코칭연맹 PCC(Professional Certified Coach) 코치로 활동하며 빠르게 전문성을 쌓아왔다.

누군가에게 도움이 될 때 가장 큰 보람을 느낀다. 그래서 현재는 부모와 교사의 소통, 청년들의 자신감 회복, 중장년의 새로운 시작까지, 특정 대상군에만 머물지 않고 다양한 전환기에 선 사람들과 함께하며 진로, 라이프코칭 및 교육을 진행하고 있다. 또한 교사를 위한 코칭 프로그램을 개발하고, 코치 양성 과정에도 힘쓰며 코칭적 대화를 널리 확산하고 있다.

'밭갈 경, 믿을 신'이라는 이름처럼 사람들이 자신의 소중한 삶에 가능성의 씨앗을 심고 가꾸면서, 신뢰를 기반으로 성장하도록 돕는 것을 사명으로 여긴다. 앞으로도 더 많은 이들이 자신만의 북극성을 발견하고, 당당히 자기 삶을 살아가도록 든든한 동반자가 되고자 한다.

실천의 성장: 몸으로 부딪치며 배우는 길

:: 나는 잘 살아왔다.
그러나 지금은 나답게 살아가고 있다

30대의 나는 '성장해야 한다'는 생각도 없이 그저 '잘해야지'라는 마음만으로 맡은 일을 열심히 했다. 방향은 없었지만, 나름대로 성과도 있었고, 지금 돌이켜보면 분명 성장도 있었다. 다만 그 성장은 목적지 없는 행군에 가까웠다.

지금은 다르다. 코치로서 제2의 커리어를 선택하면서, 나의 성장은 우연이 아니라 의도된 실천이 되었다. 배우고, 적용하고, 강의하고, 코칭하며, 다양한 도전을 이어간다. 나는 매일의 실천 속에서 조금씩 달라지고 있다.

:: 첫 교직에서의 무지한 열정

나의 첫 번째 커리어는 교사였다.

첫 해, 고등학교 2학년 생물수업을 맡았고, 잘하고 싶은 마음 하나로 모든 걸 쏟아부었다. 교무실 책상 위에는 대학교 때 공부하던 두꺼운 전공 서적들이 쌓여 있었다. 전공 서적을 다시 펼쳐보며 교재에 필기를 빽빽하게 하며 수업 준비를 하던 그 시절의 나를 떠올리면 지금도 웃음이 난다. 참 열심히도 했었다.

그러나 한 학기가 지나자 동료 선생님들이 말했다.

"무슨 고시 준비하는 줄 알았어요."

그 말에 얼굴이 빨개졌지만, 사실 나는 정말 진심이었다. EBS 교재만 잘 가르쳐도 충분하다는 사실조차 몰랐지만, 그저 하나라도 더 알려주고 싶었다.

돌이켜보면 그때의 나는 부족했지만, 동시에 이전과는 다른 내가 되어 있었다. 몸으로 부딪치며 배우고, 실패하며 다시 시도하는 그 과정이 대학교 전공 책에서는 배울 수 없는 것들을 내게 선물하고 있었다.

그때 처음 알았다. 학교에서 책으로 배웠던 '지식'을 현장에서 적용하는 과정 중에 나만의 '지혜'가 만들어진다는 것을. 그것이 바로 성장이라는 것을. 그 시절의 내가 있었기에, 지금의 내가 있다.

:: 방향성 없는 노력의 한계

돌이켜보면 그 시절의 나는 방향성 없이 달리는 사람이었다. 맡겨진 일을 잘해야 한다는 마음만 있었지, '나는 어떤 사람이고 어떻게 살아가고 싶은가?'라는 질문은 없었다.

그래서 늘 마음 한편에 이런 고민이 따라다녔다.

"내가 하는 게 맞나?"

"잘하고 있는 걸까?"

"나는 지금 어디로 가고 있는 걸까?"

심리학자 캐럴 드웩(Carol Dweck)은 『Mindset』에서 말한다.

"성장은 고정된 능력이 아니라, 배우고 시도하며 실패하는 과정 속에서 만들어진다."

돌이켜보면, 나 역시 성장 마인드셋의 씨앗은 분명히 있었다. 더 배우고 싶었고, 잘하고 싶었고, 그래서 끊임없이 적용하려 애썼다. 그러나 문제는 방향성이었다. '나는 어떤 삶을 살고 싶은가?'라는 큰 그림이 없었던 탓에, 열심히 하면서도 늘 막연한 불안을 안고 있었다.

이건 비단 나만의 이야기가 아니다. 요즘 청년들을 만나보면, 첫 직장에 들어가서도 비슷한 혼란을 겪는다. 조직 문화에 적응하지 못해 "사람들과 소통하는 게 제일 힘들어요"라고 토로하기도 하고, 뚜렷한 목표가 없어 "그냥 주어진 일만 하다 보니 내가 뭘 하고 싶은지 모르겠어요"라고 말한다.

청년도전지원사업에서 만난 각 지역의 다양한 나이대의 청년들도 다를 바 없었다. 취업 준비생들은 자신의 강점도, 가치관도, 원하는 삶의 그림도 없이 막연하게 '뭘 해야 할지 모르겠다'고 말한다. "앞으로 5년 뒤 여러분은 무엇을 하고 있을까요?"라는 물음 앞에 멈칫하는 모습에서 과거의 내 모습이 겹쳐 보였다.

그래서 실천의 성장은 단순히 열심히 하는 것만으로는 부족하다. 방향성이 있어야 한다. 방향이 있다면, 중간에 잠시 쉬었다 가도, 돌아가도 결국 그 길로 가게 된다. 내가 지금 가고 있는 이 길이 내가 가고자 하는 길이 맞다는 확신만 있다면, 남들과 비교하지 않고 내가 가진 것에 집중하게 된다. 그때 비로소 나다움이 빛을 발휘하게 될 것이다.

:: 성장의 본질은 '적용'에 있다

성장의 순간은 언제 찾아올까?

내 수준에서 충분히 할 수 있는 일을 반복할 때가 아니라, 조금 높은 수준의 과제를 온몸으로 부딪히며 시행착오 끝에 해냈을 때 성장한다.

나의 첫 교직 시절이 바로 그 증거였다. 교과서 안에 죽어 있던 지식이, 수업을 준비하고 직접 학생들을 가르치며 피드백을 받는 과정을 거치며 교사로서의 '지혜'로 바뀌었다. '아는 것'에서 '할 수 있는 것'으로 옮겨가는 그 과정 속에서 나는 매일 자랐다. 그것이 바로 성장이다.

이런 생각을 할 때면 떠오르는 사람이 있다.

바로 국민MC 유재석이다. 지금이야 그를 모르는 사람이 없지만, 그는 9년의 무명 시절 동안 수없이 좌절했다고 한다. 그때마다 자신을 점검하고, 피드백을 받아, 다음 무대에 적용했다.

"항상 제 모습을 다시 봐요. 익숙해질 때가 제일 위험하거든요."

그의 이 말처럼, 성장의 본질은 '적용'에 있다.

배운 것을 행동으로 옮기는 용기, 그리고 그 과정에서 자신을 끊임없이 점검하고 다듬는 태도. 성장은 그렇게 만들어진다. 그 누구도 하루아침에 뚝딱 완성되지 않는다.

:: 코치로서의 실천과 또 다른 성찰

제2의 커리어로 나는 코칭을 선택했다. 시작할 때는 코치라는 직업이 있는지도 몰랐지만, 내 삶의 방향성을 정한 후 나는 집중해서 배우고 도전한 결과 최상위 단계 자격까지 빠른 시간에 취득했다. 이제는 고등학생들에게 생물만 가르치는 삶을 넘어서서 10대부터 60대까지 다양한 대상과 만나 그들의 가능성을 발견하고 실행할 수 있도록 돕는 코치가 되었다. 학교에서 티칭을 통해 학생들이 수능 1등급을 받을 때의 기쁨도 컸지만, 사람의 마음을 마주하고 변화를 돕는 지금의 코칭에서의 보람은 그때와는 차원이 다르다.

그럼에도 누군가 "코치님은 성장했나요?"라고 묻는다면, 나는 잠시 멈칫한다. 한국 사회의 겸손 문화도 조금은 있는 듯하고, 무엇보다 늘 더 큰 목표를 향해 가다 보니 아직 도달하지 못한 지점만 보이기 때문이지 않을까 싶다.

그러나 나에게 코칭을 배우신 몇몇 후배 코치님들이 내게 '롤모델'이라는 단어를 쓴 적이 있다.

"코치님, 저는 코치님을 롤모델로 삼고 싶어요."

그 말은 나를 부끄러우면서도, 고맙고, 깊이 생각하게 만들었다.

그리고 나는 깨달았다. 성장은 거창하게 선언하는 것이 아니라 매일의 실천 속에서 조용히 쌓여간다는 것을.

:: 성장은 거창한 게 아니다

취업을 준비하는 청년들과의 강점 워크숍에서 "나의 강점 3가지를 말할 수 있나요?"라고 질문한 적이 있는데, 대부분은 눈을 마주치지 못하고 고개를 숙였다. 그런데 진단도 없이 진행한 3시간의 워크숍 후, 참여자 모두 최소 30개 이상의 강점을 빼곡히 적었다. 그리고 자신의 강점이 가득히 적힌 워크지를 들여다보며 그들의 얼굴에 번지는 미소는 잊을 수가 없다. 그 순간 나는 큰 보람을 느낀다.

그러나 남들의 강점을 찾아주고 인정해 주면서 정작 나 자신은 인정하지 못했던 점을 돌아보게 된다.

그래서 이제는 언행일치를 다짐한다. '언행일치'는 내가 코치가 되고 난 이후 내 인생에 처음 들어온 단어이다. 고객에게는 지금도 잘하고 있다고, 앞으로도 충분히 할 수 있다고 응원하면서 정작 나 자신에게는 엄격한 잣대를 들이대고 그러지 못한다는 것을 종종 느꼈기 때문이다. 내가 고객에게 "할 수 있다"고 응원한다면, 나 역시 스스로 응원하면서 주저하지 않고 도전해야 한다. 그렇게 모든 점에서 언행일치 되는 삶을 꿈꾸고 의식적으로 노력 중이다.

:: 매일의 실천이 만드는 나

잊지 말자. 실천은 거창하지 않아도 된다. 무언가를 시도하고, 실패하고, 다시 해보는 과정에서 우리는 성장한다. 그 배움은 내 온몸에 스며들어, 그 누구도 빼앗을 수 없는 자산이 된다.

이렇게 글로 풀어내며 마음을 정리하니, 크게 외치고 싶어진다.

"나는 매일매일 성장 중이다!!"

이제는 부끄러워하지 말자. 40대 중반에 커리어를 전환하고, 여기까지 애써온 나를 내가 가장 먼저 인정해 주자. 하고 싶은 것은 다 해보자. 안 해서 후회하는 것보다, 해보고 배우는 것이 훨씬 값지다. 누군가를 도울 수 있는 좋은 코칭이나 프로그램이라면 망설이지 말고 시도

하자.

그리고 깨닫는다.

내가 지금 가고 있는 이 길이 내가 가고자 하는 길이 맞다는 확신만 있다면, 놀 때도 편하게 놀 수 있다는 것을. 그동안 열심히 성장하면서도 마음 편히 놀지 못했던 이유를 이제야 알겠다.

확신이 있다면 실천은 부담이 아니라 기쁨이고, 도전은 두려움이 아니라 성장의 또 다른 얼굴이 될 것이다.

:: 방황도 길이 된다

SNS에서 보고 울림이 있었던 문장이 있다.

"헤맨 만큼 내 땅이다."

실패가 두려운 시대에, 이 짧은 문장은 '경험 자체가 성장'이라는 사실을 다시 일깨워 준다. 정해진 길만 가야 한다는 압박 속에서 방황을 허락해 주는 말이자, 흔들림마저 의미가 된다고 말해주는 다정한 응원이다.

나도 이제는 그 의미를 온전히 이해한다.

도전하는 과정에서 멈추고, 돌아가고, 길을 잃는 순간이 찾아와도 그 모든 경험은 결국 '나다운 길'을 완성하는 재료가 된다. 오히려 더 많이 헤맬수록, 더 넓은 땅이 나에게 생긴다.

그래서 이제는 주저하지 않으려 한다.

하고 싶은 것이 있다면 한 발 내디뎌 보려 한다.

시작 전에는 두려워도, 끝나고 나면 분명 다시 성장한 나를 만나게 될 테니까.

그 모든 흔들림은, 결국 나를 키우는 흔적이 된다.

오늘의 헤맴은 내일의 나를 더 멀리 데려갈 것이다.

○ 성장을 위한 질문

- ✓ 나는 지금 어떤 실천을 통해 조금 더 나아지고 있는가?
- ✓ 내가 가고자 하는 길과 오늘의 선택은 얼마나 맞닿아 있는가?
- ✓ 만약 지금의 내가 5년 후의 나를 만난다면, 어떤 말을 듣고 싶은가?

존재의 성장: 나는 어떤 사람인가

:: 평생학습 시대, 나를 이해하는 일

우리는 초고령화 사회를 살고 있다. 이제 청년의 범위가 만 20세부터 만 39세까지로 확장되었다. 40세도 청년이라니! 놀랍지만, 이것이 지금의 현실이다. 달라진 사회 구조는 한 가지 사실을 알려준다. 앞으로는 누구나 끝없이 배우며 성장해야만 살아갈 수 있다는 것.

그렇다고 무조건 대학원에 가거나 자격증을 따야 한다는 말은 아니다. 나에게 필요한 것을 스스로 알아차리고, 그에 맞게 배우고 채워가는 삶이 중요하다. 어떤 이는 책을 읽으며, 또 어떤 이는 전문가에게 조언을 들으며 배움을 이어간다. 중요한 건, 배우는 과정에서 "이건 내 삶에 도움이 된다", "새로운 도전이 즐겁다"라는 감각을 느끼는 것이다. 그래야 평생학습이 지루한 의무가 아니라 즐거운 성장으로 이어진다.

:: 나조차 잘 모르는 나

그러려면 먼저 자기이해가 필요하다. 지금의 나에게 무엇이 필요한지, 나는 무엇을 배우고 싶은지 알아야 한다. 그런데 신기하게도, 자기이해는 혼자서는 쉽지 않은 작업이다. 머릿속에 얽혀 있는 감정과 경험들이 글이나 언어로 표현될 때 비로소 입체적으로 드러난다.

나도 그랬다. 제2의 커리어를 준비하면서 생애 처음으로 진지하게 물었다. "앞으로 나는 어떻게 살까? 어떤 가치를 실현하면서 살까?" 그래서 노트를 펴고 '나의 장점과 단점'을 적어 내려가기 시작했다. 그런데 놀랍게도, 다른 사람의 장단점은 술술 떠오르는데 정작 나 자신에 대해서는 세 가지 이상 적기가 어려웠다. 배우자나 자녀의 장단점은 열가지도 적을 수 있는데, 내 것은 막혔다. 아마 내 안의 보이지 않는 검열관이 작동하고 있었던 것 같다.

그 순간 깨달았다. 나 자신을 가장 잘 아는 사람은 '나'일 것 같지만, 사실은 가장 모르는 사람이 바로 나라는 것. 또한 나를 있는 그대로 제대로 봐주고 인정해 주지 못한다는 것.

:: 존재의 성장은 질문에서 시작된다

그래서 더더욱 의도적인 성찰과 탐색이 필요하다. 존재의 성장은 나를 솔직하게 바라보고, 있는 그대로 인정하며, 앞으로 어떤 사람이 되고 싶은지를 질문하는 과정에서 시작된다.

나는 요즘 대학교 교육, 청년도전지원사업 등에서 많은 청년들을 만난다. 대학 졸업을 앞두고 있든, 이미 졸업 후 취업을 준비하든, 혹은 이직을 고민하는 청년이든 상황은 크게 다르지 않다. 나는 교육 중에 질문을 많이 하고, 참여자들이 자기 자신에 대해 생각해 볼 수 있도록 한다. 그런데 실제로 물어보면 대부분은 자신의 강점, 중요한 직업 가치관, 원하는 삶의 방향, 그리고 짧게는 5년 뒤 커리어 로드맵조차 없는 상태에서 교육에 참여하는 경우가 많다. 전체적으로 질문을 던져도, 개인적으로 "어떠세요?" 하고 물어봐도 마찬가지다. 대답 대신 고개를 숙이며 멋쩍게 웃거나, "생각해 본 적이 없어요"라는 답이 돌아온다. 그저 '취업은 힘들다', '내가 할 수 있을까'라는 막연한 불안 속에 백지상태로 앉아 있는 경우가 많다.

:: 괜찮습니다, 다 그렇습니다

그럴 때 나는 이렇게 말한다.

"괜찮습니다. 다 그렇습니다. 저도 예전에는 그랬습니다. 우리가 이런 질문을 받아본 적이 거의 없으니까요. 따라서 늘 눈앞의 일을 해내기 바쁘다 보니, '나는 누구인가'라는 생각을 해볼 틈이 없었던 겁니다."

나는 그들의 지난 삶을 최선을 다해 살아온 시간으로 인정해 드린다. 그리고 덧붙인다. "그동안은 주어진 것에 충실하셨으니 충분합니다. 하지만 앞으로는 다릅니다. 이제는 나 자신에 대한 질문을 던지고, 방향을 찾는 과정이 꼭 필요합니다."

그 순간 참여자들의 표정이 달라진다. 자신이 뒤처진 것이 아니라, 이제 시작하면 된다는 용기를 얻는 것이다. 나는 그 순간마다 존재의 성장은 질문을 시작하는 데서 비롯된다는 사실을 다시 확인한다.

:: 지금 나는 어디쯤 와 있을까?

일을 시작하고 몇 년쯤 지나 익숙해질 때쯤이면, 누구나 한 번쯤 방황기를 겪게 된다. 업무는 익숙해지고 책임도 늘어나지만, 반복되는 일상 속에서 권태감이 쌓이고 "이 길이 맞을까?"라는 의문이 고개를 든다. 조직 내 관계의 어려움, 적성과 직무의 괴리, 그리고 결혼이나 출산과 같은 인생의 전환기에서 불거지는 워라밸 고민까지 겹치면서 커리어의 방향성을 다시 점검하게 된다.

나 역시 어느덧 4년 차 코치다. 그래서 이 질문들을 나에게도 던져 본다.

"나는 지금 어떤 코치로 살아가고 있는가?"

"나는 어떤 강점과 약점을 가진 사람인가?"

"앞으로 나는 어떤 코치로 기억되고 싶은가?"

존재의 성장은 결국 멈추지 않고 나를 점검하는 과정에서 자라난다. 청년이든, 중년이든, 제2의 커리어를 준비하는 누구든, 지금 이 시점에서 스스로에게 질문할 수 있다면 이미 성장의 길 위에 서 있는 것이다.

○ 소중한 나를 위한 존재 성장 질문

☑ 나는 지금 어떤 사람으로 살아가고 있는가?

☑ 나의 강점과 약점은 무엇인가?

☑ 앞으로 나는 어떤 사람으로 기억되고 싶은가?

균형의 성장: 행복은 성취가 아니라 균형 위에 있다

:: 성과의 달콤함에 빠져

사막은 낮에는 뜨겁게 타오르고, 밤에는 얼어붙을 만큼 차갑다. 이 극단의 기후 속에서도 생명은 살아남는다. 비밀은 균형에 있다. 너무 뜨겁지도, 너무 차갑지도 않은 틈을 찾아내어 자신만의 방식으로 살아내기 때문이다.

나의 삶도 그랬다. 교사 시절, 나는 그야말로 워커홀릭이었다. 기숙사 학교에서 근무하며 아이들과 함께 하루를 시작하고 마무리했다. 밤 9시 50분에 야간 자율학습이 끝나면 교감 선생님까지 모두 퇴근한 뒤였다. 나는 이미 노트북 가방을 싸 두었지만, 10시 20분 밤 자습 시작 전 다시 교실로 올라가서 밤늦게까지 학생들을 챙겼다. 사감 선생님 혼자서 학생들을 케어하기엔 힘에 부치는 것을 알았기에, 내가 담임일 때는 우리 아이들이 종이 치면 바로 자리에 앉아서 다시 공부를 시작할 수 있도록 봐주고 퇴근했다. 워낙 공부를 잘하는 학생들이었기에 조금만 잡아주면 곧잘 했다. 다들 조용해지면 우리 반 교실 앞문을 살짝 열고 얼굴을 내밀고 말했다.

"선생님 집에 다녀올게. 나중에 봐."

그제야 집으로 돌아오면 밤 11시. 아침 7시에 나가 밤 11시에 들어오는 생활, 하루 16시간을 아이들과 함께 보내는 삶이었지만, 신기하게도 힘들지 않았다. 오히려 재미있었다. 내가 열심히 하는 만큼 학생들의 성적이 잘 나왔고, 그들과 관계도 좋았고, 큰 보람을 느꼈으니까.

그런데 그 즐거움 뒤에는 보이지 않는 무리가 쌓이고 있었다. 체력이 버텨주니 몰랐을 뿐, 몸은 이미 신호를 보내고 있었다.

:: 몸이 보낸 신호

결국 나는 건강 문제로 대학병원을 찾게 되었다. 다행히 이상이 없다고는 했지만, 그날 병원에서 나오는 길 찬 공기를 잊을 수 없다. 그리고 내 안의 무언가가 조용히 속삭였다.

"이제는 나를 먼저 돌볼 시간이야."

그 순간 내 마음에 경고등이 켜졌다. 나는 이미 결혼을 했고, 노산의 나이였던 것이다.

그런데도 내 일이 재미있다고 그 성과의 달콤함에 취해 일만 열심히 하고 있었다. 나는 늘 학생들을 위해, 맡은 일을 잘하기 위해 달려왔지만, 정작 내 삶의 균형은 무너져 있었다. 결국 건강하게 임신과 출산을 하기 위해, 언젠가 다시 돌아오리라는 약속을 스스로에게 하며 학교를 그만두게 되었다. 그때 처음으로 온몸으로 배웠다. 아무리 보람 있고 성과가 있어도, 몸과 삶의 균형을 잃으면 모든 것이 무너질 수 있다는 사실을.

:: 코칭의 즐거움과 불균형

제2의 커리어를 고민하고 남은 생은 코치로 살겠다고 다짐하고 나서 코칭 공부를 할 때도 이전의 나의 성향이 또 그대로 나타났다. 코칭 기초 교육을 들었는데, 너무 재미있어서 코칭에 푹 빠져 버렸다. 첫 번째 자격증을 취득한 이후 연달아 매달 교육을 수료했다. 코칭 실습도 열심히 했으며 그 결과 자격증도 한 번에 합격했다. 유료 고객까지 생기면서 이전의 티칭과는 다른 보람을 느끼고 나는 나의 두 번째 일에 또 풍덩 빠지고 있었다.

학교생활이 좋았던 것처럼 코칭도 너무 좋았고 재미있었다. 하지만 문제는 또다시 균형이었다. 조금 더 공부해 보겠다고 저녁마다 코칭 스터디에 참여하느라 아이들과 함께 잠드는 날이 줄어들었고, 가족에게 미안한 마음이 쌓였다. 난 내가 엄청 행복한 줄 알았는데, 코칭을 만난 지 1년쯤 되었을 때 내가 코칭을 받는 주제는 항상 '일과 가족의 균형'이었다.

나는 성과라는 모래언덕을 열심히 쌓아 올렸지만, 바람 앞의 모래폭풍처럼 언제든 흩날릴 수 있었다. 겉으로는 행복했지만, 마음속까지 온전하게 행복하지는 못했고 늘 불편했다. 이미 나는 가족에게 미안하다는 마음으로 인해 균형이 흔들리고 있었던 것이다. 균형이 흔들리면 마음의 평화도 함께 사라진다는 것을 알게 되었다.

:: 건강의 적신호로 배운 것

최근에는 코칭뿐 아니라 강의를 많이 하고 있다. 그런데 강의가 많아지면서 건강에도 적신호가 켜지고 있었다. 강의안 준비로 새벽까지 앉아 있다 보니 목과 허리 디스크 증상이 생겼다. 강의 현장에서는 교육생들과 소통하니 보람되고 힘이 났지만, 준비 과정에서 내 몸은 점점 약해졌다. 최근에는 강행군 끝에 크게 아팠다. 며칠을 새벽 4시까지 준비하다가, 멀리 다른 지역까지 운전해 강의를 다녀온 뒤 목과 어깨가 굳어버린 것이다. 교통사고 후유증까지 겹쳐 몸은 더 이상 버티지 못했다.

사막에서 낮의 열기만 견디려 하면 밤의 추위에 쓰러지듯, 나는 한쪽에 치우친 삶을 살고 있었다. 그날 나는 깊이 다짐했다. "이제는 이렇게 살면 안 되겠다."

:: 진짜 행복은 균형 위에

사막 한가운데 물 한 모금이 생명을 이어주듯, 일과 삶의 균형은 나에게 진짜 행복을 이어주는 힘이다. 나는 명심한다. 균형이 깨지면 내가 좋아하는 일을 오래 할 수 없다는 것, 그리고 그 상태는 결코 진정한 행복이 아니라는 것.

돌아보면, 그 시절의 나는 무엇을 가장 소중하게 여기는지조차 깊이 생각해 본 적이 없었다. 그저 '사람이 좋다'는 마음으로 관계에 진심을 다했고, 맡은 일은 책임감 있게 끝까지 해내며, 가족과 함께하는 시간에서 큰 위로와 행복감을 느꼈다.

그때는 몰랐지만, 지금 돌이켜보면 이 세 가지가 내 삶을 조용히 지탱해 온 축이었다. 다만 그것이 '가치'라는 이름으로 정리되어 있지 않았을 뿐이다.

○ 균형 잡힌 삶을 위한 성장 질문

- ☑ 내가 성취한 것과 진짜 원하는 삶이 같은 방향을 향하고 있는가?
- ☑ 지금 내 마음은 온전히 편안한가, 혹시 불편함이 있다면 어느 부분인가?
- ☑ 내가 가장 소중히 여기는 가치는 무엇이며, 나는 그것을 지켜내고 있는가?

관계의 성장: 건강한 거절에서 배우는 것들

:: 관계의 확장, 새로운 도전

나는 남녀노소 누구와도 금세 이야기를 나눌 수 있는 성격이다. 낯가림이 거의 없고, 무엇보다 예의를 중요하게 생각한다. 그래서인지 학생 때부터 특별히 큰 갈등을 겪은 기억은 많지 않다. 늘 관계를 원만히 유지해 온 편이다.

하지만 직장에 들어서며 깨달았다. 가족이나 학교, 동아리 같은 좁은 울타리를 벗어나면, 가치관과 배경이 다른 사람들을 만나야 한다. 수직적인 조직 구조와 세대 차이까지 더해지면, 관계는 단순히 친해지는 문제를 넘어 복잡해진다. 실제로 MZ세대 퇴사 사유 1위가 조직 내 갈등·소통 문제라는 점은, 소통이 누구에게나 쉽지 않음을 보여준다.

:: 모두에게 좋은 사람이고 싶었던 나

나 또한 초반에는 '좋은 사람'으로만 보이고 싶었다. 부탁을 받으면 거절하지 못했고, 개인적인 일까지도 웬만하면 다 받아주곤 했다. 그 사람과의 관계가 틀어질까 걱정했기 때문이다.

그러나 시간이 흐르면서, 무조건 YES만 외치는 태도가 나의 에너지를 깎아먹고 있음을 알게 되었다. 업무에서도, 개인적인 관계에서도, 기준 없는 YES는 결국 나를 지치게 했다. 겉으로는 관계가 유지되는 것 같아도, 내 안에서는 불편함이 쌓이고 있었다.

:: 첫 거절에서 얻은 깨달음

프리랜서로 독립한 뒤, 이 문제는 더 크게 다가왔다. 교육은 보람 있었지만, 왕복 5~6시간씩 걸리는 먼 거리 강의는 하루를 통째로 쓰게 했고, 체력적으로도 한계가 왔다. 한 달 가까이 고민하다가 결국 정중한 메시지로 거절을 했다. 이유를 길게 설명했고, 어떻게 말해야 할지 몰라 코칭까지 받으며 준비했다. 내겐 큰 용기가 필요했던 첫 정식 거절이었다.

그런데 돌아온 답변은 의외였다.

"그럼 코치님, 가까운 부산 지역 교육이라도 계속 해 주실 수 있으세요?"

너무 담담하게 받아들이는 모습에 놀랐다. 그때 나는 깨달았다. 내가 '일'을 거절한 것이지, '관계'를 거절한 것이 아니었다. 그리고 정중하고 명확한 거절은 오해를 줄이고 오히려 더 투명하고 건강한 관계를 만드는 시작이 된다.

:: 거절에도 기준이 필요하다

첫 거절을 통해 배운 건, 거절도 기준이 있어야 한다는 것이다. 나의 유한한 자원인 시간과 체력, 그리고 소중한 가족과 나의 가치관을 지킬 수 있는지 먼저 돌아보는 것. 무조건 YES를 외치면 결국 나도 지치고, 관계도 오래가지 못한다. 반대로 기준에 따른 품격 있는 NO는 오히려 관계의 신뢰를 높인다.

나는 늦게야 실행하고 있지만, 지금에라도 배우고 조금씩 성장 중이라는 사실이 고맙다. 이제는 이렇게 다짐한다.

1) 내 시간·체력·가치 기준에 맞는 일인가? 스스로에게 묻는다.
2) YES라면 책임감 있게 해낸다.
3) NO라면 품격 있게 말한다.
4) 거절은 관계를 끊는 게 아니라, 관계의 신뢰를 새롭게 세우는 과정이다.

:: 감사로 마무리되는 관계

관계 속에서 또 하나 배운 것은 감사다. 지금까지 수많은 사람을 만났지만 내 주변엔 좋은 사람들이 참 많다. 아니, 대부분 좋은 사람들이다. 배울 점이 있는 분들 덕분에 나도 함께 성장할 수 있었다.

그래서 이제는 넓은 관계보다, 마음이 통하는 소수와 깊은 관계를 맺고 싶다. 무엇보다 가장 가까운 가족에게 '좋은 사람'이자 '건강한 사람'으로 남고 싶다. 내 코칭의 최대 수혜자가 나의 아이들이 되기를 바란다. 그래서 잠재력을 이끌어낼 수 있는 열린 질문으로 사고를 자극하고, 못한 것에 대한 지적보다는 인정과 칭찬의 긍정적 피드백으로 그들의 성장을 돕는 엄마가 되고자 노력 중이다.

결국 관계의 성장은 착한 사람에서 건강한 사람으로 변하는 과정이었다. 그리고 그 여정 속에서 나는 오늘도 감사할 이유를 발견한다.

나와 관계 맺어 준 분들께 진심으로 고마움을 전하며, 앞으로도 좋은 관계를 오래 지켜가기 위해 나 역시 진심으로 노력하겠다고 한 번 더 다짐해 본다.

○ 관계 속 '건강한 거절'을 위한 실천 TIP

☑ 내 시간·체력·가치 기준에 맞는 일인지 먼저 스스로 질문하기.

☑ YES는 책임감 있게, NO는 품격 있게. 명확히 말하되 예의를 담기.

☑ 거절은 관계를 끊는 게 아니라, 신뢰를 새롭게 세우는 과정. 솔직한 NO가 관계를 더 깊게 만든다는 점 명심하기.

신념과 가치의 성장: 나답게 살아가는 힘

:: 성장의 본질, 돌아보니 알게 된 것들

멀리서 보면 내 삶은 조금씩 우상향해 왔다. 그러나 그 한가운데 있을 때는 잘 알지 못했다. 힘겹게 하루하루를 버텨내던 순간들은 그저 고단한 일상처럼만 느껴졌다. 그러나 시간이 흐른 뒤 돌아보니 깨닫게 된다.

"아, 그때 내가 성장하고 있었구나."

그리고 성장했는가를 고민하는 그 순간조차 이미 성장의 과정이었다는 것.

성장은 단번에 이룬 성취가 아니라, 길을 걸으며 내가 누구인지 조금씩 발견해 가는 과정이었다. 그리고 내가 직접 걸어가야 하기에 한걸음씩 천천히 이루어진다

:: 방향성을 정하고 나답게 살아가는 삶

돌아보면, 나는 40대 중반까지도 진로 고민을 깊이 해본 적이 없었다. 하고 싶은 것이 뚜렷하지는 않았지만, 눈앞에 맡겨진 일을 성실히 해내며 살아왔다. 마치 테트리스 블록처럼 주어진 일을 하나씩 쌓아 올리듯, '열심히 사는 삶'을 이어온 것이다.

그런데 코칭을 만나고 나서부터는 달라졌다. 처음으로 내가 진짜 살고 싶은 방향이 무엇인지 고민했고, 지금은 그 길을 향해 걸어가고 있다. '내가 원하는 삶'을 선택하고 살아간다는 사실이, 나에겐 무엇보다 큰 감사다.

그래서 이제는 조금 다르게 말할 수 있다.

"나는 잘 살아왔다. 그러나 지금은 '나답게' 살아가고 있다."

:: 소박함에서 오는 행복

나는 행복감을 자주 느낀다. 가진 것이 많거나 부자는 아닌데 왜 그럴까. 코칭을 받으며 알게 된 것은, 내가 아주 소박한 사람이라는 사실이었다. 나는 남들과 비교를 잘 하지 않는 편이다. 다른 남편이나 아이들과 비교하지 않으니 가정적인 남편과 착하고 이쁜 아이들이 그저 감사하고, 육아의 시절도 참 행복했다. 비교를 하지 않으니 지금 내가 가지고 누리는 것에 자연스레 마음이 머물렀다. 그래서 작은 것에도 쉽게 감사하고, 만나는 사람마다 배울 점을 찾는다.

파란 하늘에 이쁜 구름, 아스팔트 사이에 피어난 손톱만 한 꽃, 저녁에 가족과 함께 밥을 먹는 시간, 강의가 끝난 후 교육생들이 건네는 작은 고마움의 말 한마디가 나를 충분히 행복하게 만든다. 행복은 성취가 아니라, 균형과 감사 위에 있다는 것을 이제는 확신한다.

:: 내 이름, 나의 신념

내 이름 '경신(耕信)'은 밭갈 경, 믿을 신이다. 밭을 갈아 씨앗을 뿌리고 가꾸는 것처럼, 사람들의 삶에 믿음과 가능성의 씨앗을 심고 자라도록 돕는 것이 내 길이었다. 돌이켜보면 내 삶은 늘 이름의 뜻을 따라 흘러왔다.

내가 붙잡고 살아온 가치 또한 세 가지로 정리된다.

- **1) 사람** : 관계와 신뢰, 존중을 삶의 중심에 두며, 누구와 만나도 배울 점을 찾고 감사할 줄 아는 마음.
- **2) 성실함** : 맡겨진 일을 책임감 있게 끝까지 해내는 태도.
- **3) 가족** : 나의 행복을 완성해 주는 오아시스 같은 존재.

앞으로도 나는 '사람·성실함·가족'이라는 세 가지 가치를 잃지 않고, 소박한 감사 속에서 나답게 살아가고 싶다.

나의 신념과 가치가 흔들리지 않을 때, 나는 진정으로 행복함을 이제 잘 아니까.

:: 앞으로의 길, 멀고도 아름다운 여정

나는 요즘 인스타그램에 글을 올릴 때마다 '#코칭에진심'이라는 해시태그를 쓴다. 지금의 나는 코칭이 너무 좋다. 이 진정성이 변치 않기를 바란다. 그리고 좋은 에너지를 오래 유지하며 코칭하기 위해, 나는 자기관리를 더 잘하려 한다.

예전에는 해야 할 일을 더 채우는 데 집중했다면, 이제는 하지 않아야 할 것을 내려놓는 일에 눈길을 둔다. 내 마음에 여유가 있어야만 내가 붙들고 싶은 신념과 가치를 자주 떠올리고, 그 방향으로 살아갈 수 있기 때문이다.

결국 성장은 나를 찾아가는 여정이었다. 지금의 나는 안다. 내 안에 길이 있다는 것. 그리고 이 길은 멀고도 아름답다.

앞으로 나는 내가 가고자 하는 길에 대한 질문을 항상 마음에 품고, 내가 중요하게 생각하는 가치를 잘 실현하며, 나만의 속도로 최선을 다하고 있는 나를 응원해줄 것이다.

20년 뒤에도 지금의 이 진정성과 에너지 그대로 "코칭하는 할머니"로 살고 싶다.

그리고 그 길 위에서 만나는 모든 사람들과 함께 성장하고 싶다.

"행복은 다른 곳에 있는 것이 아니라, 우리 안에 있다."

– 톨스토이

○ 나답게 살아가기 위한 성찰 질문

✓ 지금 내 삶을 지탱해 주는 가장 중요한 가치는 무엇인가?

✓ 비교가 아닌 감사로 인해 행복을 느꼈던 작은 순간은 언제였는가?

✓ 20년 뒤에도 변치 않고 지켜가고 싶은 나다운 모습은 무엇인가?

인간의 성장, 나를 잃지 않는 균형
- 이현녕

사람과 함께하는 일을 천직으로 여기며, 내담자의 회복과 성장을 돕는 순간에 가장 큰 의미를 두고 있다. 심리학과 교육학을 전공하고, 대기업 사내 상담실을 비롯해 대학 상담·학습지원 기관, 육아지원센터, 청소년상담복지센터 등 다양한 현장에서 여러 삶의 전환기에 놓인 사람들을 만나며, 그들의 이야기에 귀 기울이고 삶의 방향을 다시 찾도록 돕는 경험을 꾸준히 쌓아왔다.

한국상담학회의 전문상담사이지 REBT 인지행동치료전문가로서, 인지·정서·행동을 통합적으로 다루는 구조적 접근을 기반으로 상담 역량을 키워 왔으며, 스트레스관리사로서 쌓아 온 전문성을 바탕으로, 이 책 『사막을 건너는 중입니다』에서 인생이라는 사막을 건너며 마주하는 버거움과 불안을 긍정적인 힘으로 전환하는 구체적이고 현실적인 통찰을 제시하고 있다.

상담은 한 사람의 가능성을 다시 믿도록 비춰주는 따뜻한 시선에서 시작된다고 믿는다. 상담 현장에서 체득한 깊은 공감과 전문성을 토대로, 독자들이 자신만의 북극성을 발견하고 자신의 삶을 당당하게 살아갈 수 있도록 돕는 든든한 동반자가 되고자 한다.

나를 잃지 않는 시선

"사람이 서른 살이 되면 스스로 바로 설 수 있어야 한다."

– 공자

30대는 동서양에서 인생의 중요한 전환점으로 여겨진다. 동양의 공자는 30대를 '이립(而立)'이라 명명하며, 한 사람의 인격과 사회적 기반이 독립적으로 서는 시기로 보았다. 이는 개인이 세상의 풍파 속에서도 흔들리지 않고 자신의 중심을 잡는 성숙의 시작점이다. 반면, 서양의 플라톤은 30대를 인간이 자신의 내면과 외부 세계를 깊이 성찰하며 지혜를 쌓기 시작하는 시기로 보았다. 그는 이 나이에 이르러 비로소 개인이 욕망과 이상 사이에서 균형을 찾고, 진정한 자아를 탐구할 준비가 된다고 여겼다. 30대는 동양에서는 안정과 책임의 시기로, 서양에서는 성찰과 지혜의 시기로 정의되지만, 공통적으로 '나'라는 존재를 새롭게 정립하는 시기이다.

나는 '30대'보다는 '서른'이라는 말이 더 마음에 든다. '서른'이라고 하면 왠지 김광석의 노래 한 줄이 떠오른다. "잊혀져 가는 것들에 대한 그리움" 그 말처럼, 서른은 이미 지나버린 것들과 아직 오지 않은 것들 사이에서 길을 잃기 쉬운 나이다. 배운 걸 삶에 적용해 보려 애쓰고,

책임이라는 무게를 짊어지기 시작하는 시기. 하지만 그 길은 늘 확신보다 질문이 앞선다. '이게 맞는 걸까? 나만 뒤처지고 있는 건 아닐까?' 이 글은, 그런 물음 앞에 선 또 다른 누군가를 위한 것이다. 타인의 속도에 휘둘리지 않고, 지치지 않으며, 나만의 리듬으로 걸어가고자 하는 당신을 위한 이야기다.

: : 세상의 기준을 걷어내고, 나만의 시선을 세우다

김 대리(가명)는 입사 동기 중 가장 빠르게 승진한 박 팀장을 부러워했다. 회사에서도 인정받는 에이스였고, 주변에서는 "박 팀장처럼만 하면 성공한다"고 했다. 김 대리 역시 박 팀장의 일거수일투족을 따라 하려 애썼다. 야근도 마다하지 않았고, 주말도 업무의 연장선이었다. 그러던 어느 날, 중요한 프로젝트를 성공적으로 마쳤음에도 마음 한구석이 텅 빈 것처럼 허무했다. 남들이 말하는 성공의 길을 따랐는데, 왜 이렇게 공허한 것일까?

나의 많은 대학 동기들이 박 팀장과 같은 길을 선택했고, 그 길에서 흰 빈틈 그리힌 공허힘을 겪은 시기가 있었다고 고백했다. 나는 힌국의 IMF 외환위기를 갓 벗어나던 시기에 대학시절을 보냈다. 그래서 그당시 많은 대학생들은 진로나 취업에 대한 고민이 의외로 없었다. 왜? IMF 이후 취업은 무조건 철밥통이 보장되어 있어서 퇴사 걱정 없는 '안정적인 곳'이 최고라고 생각하던 시절이었으니까. 그래서 수많은 대학생들은 학교 수준과 상관없이, 전공과 관련 없이 그리고 1학년이든 4학년이든 으레 공시생이 되었다. 공무원이 되기 위한 '전 국민 공시생화가 이루어지던 시절이었다. 실제 IMF 직후 공무원 경쟁률은 80:1이라는 사상 최고 경쟁률을 기록하기도 하였다.

그러한 시절 나의 대학 동기들이라고 예외는 아니었다. 1학년 때부터 도서관은 늘 학생들로 붐볐고 공강 시간엔 놀아도 다들 도서관에서 놀았다. 그렇게 착실하게 대학생활을 보낸 동기들의 상당수는 어렵지 않게 공무원, 공사, 3대 대기업으로 취업에 성공했다. 그리고 부지런히 사회생활에 적응하고 모름지기 직장인이라면 누구나 그러하듯 출세와 성공을 맛보기 위해 나라와 회사에 충성하며 열심히도 자신을 갈아 넣었다. 시간 쿼터제도 없던 시절, 퇴근시간은 '감히' 자신이 결정하는 것이 아니었으며, 주말도 사무실의 불이 켜지는 건 익숙한 풍경이었다.

그렇게 어느 조직에나 있을 법한 박 팀장을 본받아, 열심히 앞만 보며 달리던 동기들은 어느 정도 자리를 잡을 때쯤 아이러니하게도 그들의 위치에서 방황의 시간을 맞이하게 되었다. 그들도 이렇게 사는 게 맞느냐고 되물었다. 더 높이 오르기 위해 달렸지만, 막상 한 단계 올라가 보니 다음 목표가 보이지 않는다 했다. 하루 대부분을 회사에서 보내고, 퇴근 후엔 쓰러져 잠드는 생활이 반복됐다. 주말에도 쉬지 못했고, 인간관계는 업무와 회식을 통한 인맥 관리로만 이어졌다. 20대 땐 버텼지만, 30대가 되자 체력과 열정이 예전 같지 않았다. 무엇보다 스스로에게 물었다. "나는 직함 말고, 어떤 사람일까?" 승진도, 연봉도, 명함 속 직책도 잠시 기쁠 뿐, 그 뒤에 찾아온 건 알 수 없는 허무함이었다.

그런 와중에 그렇게 열심히 일하던 상사나 선배, 동료가 희망퇴직 대상이 되는 모습을 보면서 '이렇게까지 달려도 결국 나도 저 자리에서게 되는 건 아닐까' 하는 불안이 마음 깊이 스며들었다. 그러한 불안은 비껴가더라도 열심히 살아도 내 집 마련은커녕, 경제적 여유는 좀처럼 다가오지 않는다는 사실에 공허함과 막막함, 또 다른 이유로의 불안감을 경험했다. 매일 같은 시간에 같은 자리에 앉아, 같은 일을 반복하는 삶. 그 속에서 체력은 고갈되고, 정신은 번아웃에 빠졌다. 그러한 방황의 늪에서 대부분은 그 질문에 대한 답을 찾지 못한 채, 다시 월요일 아침 그날이 또 그날인 똑같은 삶으로 돌아갔다. 회의와 보고서, 마감과 야근이 반복되는 일상 속으로⋯⋯.

하지만 그중에도 본인의 관심 분야와 적성에 따라 사회의 우선순위가 아닌 자신만의 우선순위를 기준으로 새로운 길을 선택하는 동기들이 더러 있었다. 전혀 새로운 분야로 혹은 자신의 경험과 경력을 살린 새로운 환경으로 이직을 하거나 오랫동안 미뤄두었던 공부를 다시 시작하거나, 과감히 자기 사업을 시작한 이들이다. 무엇이 정답인지는 아무도 확신할 수 없었지만 그렇게 저마다의 방법과 선택으로 방황을 마무리하며 인생의 2막을 채워나갔다.

그럼 나는? 나는 그 시기 어떠한 정답을 선택했을까? 나도 동기들과 같은 출발선에 서 있었지만, 그들과는 처음부터 다른 길을 택했다. 누구보다 남의 시선이 중요하고, 안정적이고 튀지 않는 평범한 삶이 최선이라고 생각하며 살아왔던 내가 어떤 생각으로 어디서 그런 용기가 나서 다수가 걸어가는 탄탄하고 안정된 큰 길이 아닌 나만의 작고 소박한 샛길을 선택할 수 있었는지 알 수 없다. 내 자신도 이해할 수 없는 선택을 했다면 이게 나의 운명이었나 싶기도 하다. 그리고 20년이 훌쩍 지난 지금 그 시간을 되돌아보면 그때부터 나는 참 착실하게도 운명이 이끄는 대로 걸어온 듯하다. 누가 판을 짜 놓은 길을 걷듯 너무나 자연스럽게 많은 우연과 우연이 겹쳐 인연과 운명을 만들어가며….

'뜻이 있는 길에 길이 있다', '하늘은 스스로 돕는 자를 돕는다'고 하였다. 어쩌면 내가 묵묵히 샛길을 걸어올 수 있었던 건, 이 길이 나의 운명일 수 있다는 내 자신에게 주문처럼 걸어 본 믿음. 그 운명에 최선을 다한다면 설령 그 길을 되돌아오는 일이 생기더라도 후회는 하지 않을 것이라는 믿음. 그 믿음으로 걸어갈 수 있었고, 정말 하늘이 돕는 듯 인생이 참 신기하게도 흘러갔다.

나는 경영학을 전공했다. 경영학은 고등학교 때부터 나의 관심 분야였기에 대학 전공은 아무 고민 없이 결정했다. 전공 과목들도 무척 흥미로웠다. 내가 기대했던 공부였고 나의 적성과도 잘 맞았다. 그러다 '마케팅' 기술을 위해 사람의 심리에 대한 공부가 필요하겠다 싶었다. 그렇게 심리학 전공을 겸했고 그 선택이 나의 인생에 있어 큰 전환점이 되었다. 인간 심리에 대한 공부가 너무나 흥미진진하고 신비로워서 금세 심리학에 매료되었다. 어느 순간부터는 다른 동기들이 도서관에서 공무원 시험 준비를 할 때 나는 열심히 상담 기관을 오가며 다양한 교육과 인턴십에 참가하느라 늘 강의 시간 이후에는 사라지는 아이가 되어 있었다.

그렇게 바쁜 대학생활을 보내고 나 역시 취업의 문턱에 서 있을 때 나에게는 하나의 뚜렷한 목표가 있었다. '나는 평생 사람 만나는 일을 하겠다', '사람들 속에서 사람들과 함께 사람들을 위해 일하겠다'는 것이었다. 결국 그토록 흥미롭던 두 전공을 함께 겸할 수 있는 분야로 '영업상담'을 선택했다. 이 일을 할 수 있다면 회사의 규모나 조건은 중요하지 않았다. 그렇게 영업 상담을 하며 내 사회생활이 시작되었고, 나는 조건이나 환경이 아닌 내가 하고 싶은 일을 위해서만 달렸다.

하지만 나 역시 동기들과는 또 다른 이유로 고민의 순간을 마주했다. 이유는 다르지만 그들과 결국 같은 자문을 하며… '이게 맞는 걸까?'

나에게 고객을 만나는 일은 즐겁고 흥미로운 일이었으나, 그 일을 하는 내내 상품이 아닌 오롯이 사람에게 집중할 수 있고, 고객이 아닌 인간 자체에 이로운 일을 하고 싶다는 생각을 떨쳐낼 수 없었다. 내 신념은 '평생 사람 만나는 일을 하겠다'는 것이었지만, 그 일을 하면서 내가 진정 원하는 것이 무엇인지 깨달았다. 내가 하고 싶었던 '사람들과 함께, 사람들을 위한' 일은 고객을 만나 상품과 서비스를 판매하는 일이 아니라, 인간의 내면을 탐색하고 인간을 이롭게 하는 심리상담이라는 것이다.

그 깨달음을 따라 10년 가까이 하던 일을 내려놓고, 상담자가 되기 위해 석박사 과정에 진학해 다시 공부를 하였으며, 3년간의 수련 과정을 거쳐 자격증을 취득했다. 그리고 마침내 나는, 대학 시절부터 줄곧 나를 이끌어 온 '사람'이라는 가치에 진정으로 부합하는 삶을 살게 되었다. 상담실에서 내담자들의 마음을 마주하고, 강의장에서 지식을 나누는 지금의 일상이 바로 그 오랜 여정의 결과물인 것이다. 이 과정을 거쳐 현재에 와 있는 지금 내가 확신할 수 있는 건, 살면서 헛된 노력은 없으며 내가 원하는 결과를 향해 가면서 경험하는 시행착오 또한 나를 성장시키는, 나의 길을 제대로 찾아가기 위해 필요한 시간이었다는 사실이다.

30대는 종종 타인의 기준에 맞춰 살아가기 쉽다. 사회가 말하는 성공의 공식, 남들이 가는 길, 미디어가 보여주는 이상적인 삶. 이러한 기준 앞에서 쉽게 '나'를 잃어버리곤 한다. 하지만 인생이라는 사막에서는 완벽한 지도가 아니라 강력한 나침반이 필요하다. 타인의 기준이 아니라, '나만의 기준'이라는 나침반이 필요하다. 진정한 성장은 외부의 기준을 쫓는 것이 아니다. 내면의 목소리에 귀 기울이고, '나는 누구인가?'를 묻는 것. 거기서부터 가치와 방향이 설정된다.

내가 중요하게 여기는 가치는 무엇인가? 어떤 삶을 '의미 있다'고 느끼는가? 그런 질문을 던지고, 묵묵히 답을 찾아가는 과정이 바로 나다운 삶의 출발인 것이다. 나답게 시작하고, 나답게 성장하기 위해선 용기가 필요하다. 세상의 소음을 걷어내고, 내 안의 목소리에 집중하는 용기. 나만의 시선으로 삶의 모든 것을 '정립'해 가는 것! 이 시기 성장의 출발점이다.

:: 심리학으로 본 '나만의 시선' 세우기
   : 자아정체성과 내재적 동기

우리는 왜 타인의 기준을 걷어내고 나만의 길을 가야 할까? 이는 심리학적으로 '자아정체성(Ego Identity)'을 확립하는 과정과 깊이 연결되어 있다. 발달심리학자 에릭 에릭슨(Erik Erikson)은 인간의 삶을 8단계의 심리사회적 발달 단계로 구분했으며, 그중 청소년기에 해당하는 '자아정체성 대 역할 혼미' 단계에서 우리는 '나는 누구인가?'라는 질문에 답하며 나만의 가치관과 신념을 형성한다. 비록 이 시기에 정체성 확립이 시작되지만, 30대가 되어 사회적 역할을 부여받으면서 다시 한번 이 질문에 대한 깊은 성찰이 필요해진다. 사회적 성공이나 기대에 매몰될수록, 나는 누구인지, 어떤 가치를 위해 살고 싶은지 혼란을 겪는 '역할 혼미' 상태에 빠질 수 있다.

이때 중요한 것이 바로 내재적 동기(Intrinsic Motivation)다. 내재적 동기는 외부의 보상(승진, 연봉, 타인의 인정)이 아닌, 순수한 흥미나 즐거움에서 비롯되는 행동의 원동력이다. 박 팀장을 따라 성공을 좇던 김 대리가 공허함을 느낀 것은, 그의 행동이 외부 보상에 의존하는 외재적 동기(Extrinsic Motivation)에 의해 움직였기 때문이다. 반면, 내가 경영학 전공과 함께 심리학을 택하고 '사람 만나는 일'이라는 확고한 목표를 세운 것은 내재적 동기가 내 삶을 이끌었기 때문이다. 진정으로 원하는 일을 할 때 우리는 목표를 향해 나아가는 과정 자체에서 즐거움과 만족을 느낀다. 이는 곧 외부의 기준에 흔들리지 않는 단단한 나만의 시선을 구축하는 힘이 된다.

번아웃, 길을 잃는 대신 길을 찾는 시간

: 회복탄력성이라는 내면의 지도

"탄력성이란 쓰러졌던 자리에 다시 일어설 수 있는 힘이다."

– 마틴 셀리그만

"열심히 사는데, 왜 이렇게 무기력해질까요?" 한 내담자가 무겁게 말을 꺼냈다. 회사에서 인정받고, 맡은 일도 적지 않다고 했다. 그런데 아침마다 침대에서 일어나는 것이 너무 힘들다고 했다. 주말엔 아무것도 하기 싫고, 사람들과의 대화도 피곤하게 느껴진다고 했다. 그 말엔 이러한 강박이 숨어 있었다. '나는 멈추면 안 된다.'

성장은 지속성을 전제로 한다. 반짝하고 꺼지는 성장은 오래가지 못한다. 인생은 단거리 경주가 아니라 장거리 마라톤이다. 30대는 그 마라톤의 한복판이다. 학업, 직장, 결혼, 육아 등 수많은 역할과 책임이 동시에 주어진다. 그러다 보면 마치 경주마처럼 앞만 보고 달리게 된다. 쉬지 않고 달리다 보면, 결국 몸과 마음이 소진된다. 그 순간, 찾아오는 것이 바로 '번아웃'이다.

번아웃은 실패가 아니다. 오히려 열심히 달려왔다는 증거다. 동시에 번아웃은 더 이상 앞으로 나아갈 힘이 없음을, 혹은 방향성을 잃었음을 알리는 강력한 경고 신호이다. 이제는 멈춰서 나를 돌아봐야 할 때인 것이다. 그 순간 중요한 것은 좌절하고 주저앉는 것이 아니라, 다시 일어설 수 있는 힘을 기르는 것이다.

그 힘이 바로 '회복탄력성'이다. 단순히 멘탈이 강한 것이 아니라, 회복할 줄 아는 능력이다. 고통을 참는 것이 아니라, 다시 일어나 배우고 성장하는 힘이다. 번아웃을 예방하고 지속 가능한 성장을 이루려면 회복 루틴은 필수적이다. 거창할 필요는 없다. 잠시 심호흡하기, 좋아하는 음악 듣기, 짧게 산책하기, 소중한 사람과 대화 나누기 등 일상의 작은 습관들이 지친 몸과 마음을 다시 채워준다.

멈춤은 낭비가 아니다. 그것은 다시 달리기 위한 전략이다. 지속 가능한 성장은 회복에서 시작된다. 달리는 것도 중요하지만, 언제 멈추고 어떻게 숨을 고를지 아는 것이 진짜 성장을 가능하게 한다.

나의 무기력감을 동반한 번아웃은 사회생활을 시작하고 한 5년쯤 이 지났을 때 찾아왔다. 영업상담은 결코 만만치 않은 분야였다. 더욱 든든한 기반이 잡혀 있지 않은 중견 업체에서의 영업상담은 다양한 사람들을 만나게 되면서 내가 품고 있던 인간이라는 존재에 대한 근간이 흔들릴 지경이었고 자괴감은 이루 말할 수 없었다. 사회 초년생이 감당하기에는 많은 정신적 고통과 심각한 스트레스가 수반되었다. '이게 맞는 걸까?'라는 생각을 하루에도 수십 번 되뇌었고, 어느 순간에는 '나는 평생 사람 만나는 일을 하겠다'라는 나의 확고한 신념마저 내다 버리고 싶을 지경이었다. 이대로는 안 된다는 생각이 들었다. 당장의 고단함에 힘들어서 도망가는 것이 아니라 정말 이 일이 나에게 맞지 않는 것인지, 나의 신념에 수정이 필요한 순간인지 최대한 냉철하고 이성적으로 판단해 봐야 하는 순간이라는 생각이 들었다.

그래서 떠났다. 그 당시까지 해외여행 경험 한 번 없던 내가 무슨 용기에서인지 갑작스럽게 혼자만의 호주 배낭여행을 선포하고 3개월 동안 모든 마음의 고통과 결정들을 그 자리에 그대로 남겨둔 채 낯선 시공간으로 떠났다. 정말 아무 준비도 없이 딱 in-out이 정해진 항공권 하나만 손에 들고! 그도 그럴 것이 출국이 인천공항 기준 오전 7시였지만 나는 전날 저녁 9시까지 지방의 사무실에서 일을 하고 있을 정도로 여유가 없었으니 무슨 여행 준비를 할 수 있었겠는가? 최대한 사무실에 머물 수 있는 시간까지 일을 하고 부랴부랴 미리 싸둔 배낭 하나만 챙겨 인천공항행 리무진을 탔다. 그렇게 번아웃을 멈추기 위해 나만을 위한 3개월간의 여정이 시작되었다.

그 시간 동안 아이러니하게도 나는 일절 나의 과거와 미래에 대해 생각하지 않았다. 그곳에 있는 나에게 집중했다. 업무적으로 힘들었던 일들도, 앞으로 삶의 방향들도 전혀 생각하지 않았고 고민하지 않았다. 그냥 사람들과 어울릴 뿐이었다. 새로운 사람들을 만나 함께 이야기를 나누고 활동하며 그렇게 그 시간에 집중했다. 그리고 돌아와서 고민했다. '나에게 사람이란 어떤 존재인가?', '나는 여전히 평생 사람 만나는 일을 할 생각인가?' 그리고 아주 쉽게 결론을 내렸다. 'YES'라고.

:: 심리학으로 본 회복탄력성: 번아웃 극복과 자기 돌봄

번아웃은 단순히 개인의 나약함이나 게으름이 아니다. 세계보건기구(WHO)는 번아웃을 '성공적으로 관리되지 않은 만성적인 직장 스트레스로 인한 증후군'으로 공식 분류했으며, 이는 주로 에너지 고갈, 일에 대한 심리적 거리감, 효능감 저하라는 세 가지 특징으로 나타난다. 내가 당시 경험했던 '무기력함', '자괴감', 그리고 '확고한 신념에 대한 의문'은 모두 번아웃의 대표적인 증상에 해당한다.

긍정심리학의 창시자인 마틴 셀리그만(Martin Seligman) 박사는 회복탄력성을 단순히 어려움을 견디는 능력이 아니라, '고난을 통해 배우고 성장하는 능력'으로 정의했다. 이는 단순히 쓰러지지 않는 것이 아니라, 쓰러졌을 때 자신을 재정비하고 더 나은 방향으로 나아가는 힘을 의미한다. 회복탄력성을 높이는 방법은 크게 두 가지로 나뉜다. 첫째는 '자기 돌봄(Self-Care)'이다. 호주 여행을 통해 일과 거리를 두고 내 자신에게 집중했던 것처럼, 지친 심신을 회복하는 시간을 의도적으로 갖는 것이 중요하다. 둘째는 '자기 성찰(Self-Reflection)'이다. 이는 번아웃의 근본적인 원인을 탐색하고, 내가 어떤 사람이고 무엇을 할 때 행복한지를 다시 묻는 과정이다. 여행 후 '나에게 사람이란 어떤 존재인가?'라는 질문을 던진 것처럼, 이 성찰을 통해 삶의 방향성을 재설정할 수 있다. 이러한 자기 돌봄과 성찰은 심리적 면역 체계를 강화하여, 다음번 찾아올 어려움에 더 유연하게 대처할 수 있는 힘을 길러준다.

멈춤, 성장을 위한 용기

"지금 이대로 괜찮은 걸까?"

나는 바쁘게 살아왔다. 주어진 일에 최선을 다하며 달려왔다. 그러다 보니 어느 순간, '휴식'이 불편해지기 시작했다. 아무것도 하지 않는 시간이 낭비처럼 느껴졌다. 그 낭비가 반복되면 나는 무가치한 사람이될 것만 같았다. 그러한 두려움은 내 자신에 대한 우려조차 애써 무시하고 달리기를 계속하게 만들었다. 그러다 결국, 몸이 먼저 신호를 보냈다. 피로가 쌓이고, 감정의 여유가 사라졌다. 사소한 일에도 쉽게 예민해졌다. 그제야 알았다. 멈춘다는 건 약한 게 아니었다. 살아남기 위한 용기였다.

'무조건 달려가다 보면 소진된다'고 한다. 30대라면 이 명제를 알면서도 좀처럼 멈추지 못한다. 멈춤을 두려워한다. 멈추는 것을 낭비라고여기거나, 남들보다 뒤처질까 봐 불안해하기 때문이다. 하지만 진정한성장은 '멈춤의 용기'에서 시작된다. 끊임없이 달리기만 해서는 결국 방향을 잃게 된다. 때로는 의도적으로 '멈춰 서는 용기'를 가질 때 비로소 성장이 가능해지는 것이다.

사막의 여정에서 오아시스를 만나면 잠시 쉬어야 한다. 아무리 체력이 좋아도 쉬지 않으면 결국 탈진하게 될 것이다. 삶도 마찬가지다. 균형 있게 잘 성장하려면 '휴식'도 성장의 중요한 한 부분이다. 멈춤은 단순히 아무것도 하지 않는 것이 아니다. 그것은 자신을 돌아보고, 에너지를 재충전하며, 삶의 방향을 재조정하는 시간이다. 즉, 멈춤은 성장의 일부이다.

멈춤의 용기는 다음과 같은 성장을 가져다준다. 첫째, 자기 성찰의 기회를 제공한다. 바쁘게 달릴 때는 보이지 않던 내면의 목소리, 놓치고 있던 감정, 진정으로 원하는 것이 무엇인지 등을 깊이 들여다볼 수 있게 한다. 둘째, 창의성과 새로운 아이디어를 발현시킨다. 뇌가 휴식을 취할 때 비로소 새로운 연결고리를 만들고, 문제 해결을 위한 통찰력을 얻을 수 있다. 셋째, 관계의 재정비를 돕는다. 소중한 사람들과 함께하는 시간은 단순히 쉬는 것을 넘어, 관계 속에서 자신을 회복하고 함께 자랄 수 있는 기회를 제공한다.

멈춤은 결코 낭비가 아니다. 더 멀리, 더 깊이, 더 지혜롭게 나아가기 위한 전략적인 용기이다. 오아시스를 만날 때마다 쉬어가는 법을 배우라고 한다. 멈춰야만 보이는 풍경이 있고, 쉬어야만 다시 걸을 수 있다. 성장은 직선으로만 나아가는 것이 아니다. 때로는 쉼표가 필요하고, 돌아가는 길이 더 멀리 데려다줄 때도 있다. 멈춤은 퇴보가 아니라, 방향을 다시 조율하는 성장의 기술이다.

:: 심리학으로 본 멈춤: 인지적 재구성과 마음챙김

끊임없이 달리는 삶의 굴레에서 벗어나 멈춤을 선택하는 것은 인지심리학의 핵심 원리와 맞닿아 있다. 우리의 감정은 외부의 사건 자체가 아니라 그 사건을 해석하는 방식, 즉 우리의 생각(인지)에 의해 결정된다. 무작정 달리면서 느끼는 불안감은 '남보다 뒤처지면 어쩌지?'와 같은 왜곡된 인지에서 비롯된다. 멈춤은 이러한 생각을 객관적으로 바라보는 인지적 재구성(Cognitive Restructuring)의 시작이다. 잠시 멈춰서 '나는 지금 무엇 때문에 이토록 불안한가?'라고 스스로에게 묻는 용기, 이는 외부의 시선이 아닌 내면의 평온을 되찾기 위한 노력의 시작이다.

또한, 멈춤은 현대 심리학의 '마음챙김(Mindfulness)'과도 연결된다. 마음챙김은 '판단하지 않는 태도로 지금 이 순간에 온전히 주의를 기울이는 것'을 의미한다. 바쁘게 달리는 삶 속에서 우리는 현재의 경험을 놓치고 과거의 후회나 미래의 불안에 갇히기 쉽다. 멈춤을 통해 잠시 숨을 고르고, 자신의 호흡, 생각, 감정 등 현재의 상태를 있는 그대로 바라보는 연습은 자신을 객관화하고, 소진된 에너지를 재충전하는 데 큰 도움이 된다. 인지적 재구성과 마음챙김은 모두 외부의 소음에 흔들리지 않고, 내면의 나침반을 따라 나아가기 위한 강력한 도구가 되어준다.

내가 만든 성장통, 나를 깨우는 성장의 신호

"우리가 피할 수 없는 고통을 겪고 있다면, 고통을 극복하는 유일한 방법은 고통의 의미를 찾는 것이다."

– 빅터 프랭클

멈춤의 용기를 이야기하며, 우리는 자연스럽게 또 하나의 중요한 질문에 다다른다. "그럼에도 불구하고 왜 우리는 계속 멈추지 못하는가?" 그 답은 종종 우리 자신이 만들어낸 '성장통'에 숨어 있다. 많은 사람이 성장통을 외부의 고통이나 환경적인 어려움으로만 여기지만, 때로는 우리 내면의 깊은 곳에서 스스로를 채찍질하며 만드는 고통이기도 하다. 마치 뜨거운 불꽃 속에서 단단해지는 쇠처럼, 스스로를 한계까지 몰아붙이며 '나는 이만큼 노력하고 있다'는 증거를 만들고 싶어 하는 마음일지도 모른다.

'나'라는 존재는 늘 불완전하다. 그 불완전함을 마주하는 것이 두려워, 우리는 자꾸만 완벽을 좇아 더 바빠지려 한다. 쉬지 않고 달리는 것은 그 불완전함을 외면하는 가장 쉬운 방법인지도 모른다. 잠시라도 멈추면 내 안의 부족함, 아직 해결하지 못한 문제, 마주하기 싫은 감정들이 불쑥 튀어나올까 두려워 무의식적으로 스스로를 계속 움직이게 하는 것이다.

하지만 이러한 성장은 언젠가 한계를 맞는다. 육체적, 정신적 한계에 부딪혔을 때 비로소 우리는 그간 외면했던 것들을 마주하게 된다. 번 아웃이 찾아오고, 공허함을 느끼고, 더 이상 앞으로 나아갈 힘이 없다고 느껴질 때. 그 순간의 고통은 사실 '실패'의 신호가 아니라, 내면이 나에게 보내는 중요한 메시지이다. '이제 다른 방식으로 성장할 때가 됐어'라고 말해주는 따뜻한 경고인 것이다. 이 성장통을 단순히 '아프다'고만 느끼지 않고, 나를 깨우는 성장의 신호로 받아들일 때, 우리는 비로소 진정한 성장의 길로 들어설 수 있다. 고통 속에서 내 안의 진짜 목소리를 듣고, 스스로 만든 한계를 뛰어넘어 나만의 속도와 방향을 재설정하는 법을 배우게 된다.

:: 심리학적 성장통: 완벽주의와 가면 증후군

우리가 스스로 만들어내는 성장통의 근원에는 종종 완벽주의 성향이나 가면 증후군(Imposter Syndrome)이 자리 잡고 있다. 완벽주의자는 자신의 실수나 약점을 용납하지 못하고, 끊임없이 '더 나은 모습'을 향해 자신을 몰아붙인다. 이들은 성공을 경험해도 그 성과를 온전히 자신의 것으로 받아들이지 못하고, '이번엔 운이 좋았을 뿐'이라고 생각하거나 '다음에는 실패할지도 모른다'는 불안에 시달린다. 가면 증후군 역시 이와 비슷하다. 이는 자신의 성취나 성공이 순전히 운이나 타인의 도움 덕분이라고 여기며, 실제 자신의 능력과는 무관하다고 믿는 심리 상태다. 성공하면 할수록 언젠가 자신의 진짜 모습(무능함)이 드러나 '가짜'라는 사실이 밝혀질까 봐 두려워한다. 이러한 내적 압박은 결국 심리적 소진을 불러오고, 진정한 성장을 방해한다.

하지만 이러한 고통 속에서도 우리는 의미를 찾을 수 있다. 정신의학자 빅터 프랭클(Viktor Frankl)은 자신의 저서 『죽음의 수용소에서』에서 '고통은 피할 수 없지만, 고통을 극복하는 유일한 방법은 고통에서 의미를 찾는 것'이라고 말했다. 이는 우리가 겪는 성장통이 단순한 시련이 아니라, 나의 불완전함을 받아들이고, 자신에게 더욱 너그러워지는 법을 배우는 기회임을 의미한다. 완벽을 좇기보다 '있는 그대로의 나'를 사랑하고, 실수에서 배우는 '자기 자비(Self-Compassion)'를 실천할 때, 우리는 더 건강한 방식으로 성장할 수 있다.

'나'를 잃지 않는 균형: 성장의 재정의

"가장 중요한 여행은 자신의 내면을 향한 여행이다."

– 랄프 왈도 에머슨

성장이란 무엇일까? 남들보다 더 높은 위치에 오르고, 더 많은 것을 성취하는 것만이 성장일까? 우리의 삶은 직선으로만 이루어진 트랙이 아니다. 때로는 굽이치고, 때로는 멈춰 서고, 때로는 뒤돌아보며 나아가는 길이다. 이 복잡한 길에서 잃지 말아야 할 것은 바로 '나'라는 존재이다. 내가 어떤 것을 좋아하고, 어떤 사람들과 있을 때 행복하며, 무엇을 할 때 진정으로 살아있음을 느끼는가. 이 질문에 대한 답이 없다면, 우리는 그 어떤 성과를 이루더라도 결국 껍데기만 남은 삶을 살게 될지 모른다.

'나'를 잃지 않는 균형 있는 성장은 '자신과의 대화'에서 시작된다. 매일 아침 거울 앞에서 자신에게 "오늘 하루, 무엇을 위해 살고 싶은가?"라고 물어보자. 거창한 목표가 아니어도 괜찮다. "오늘은 좋아하는 커피 한 잔을 온전히 즐기며 마실 거야", "오랜만에 친구에게 안부 전화를 걸어야겠다" 같은 소박한 다짐이라도 좋다. 이처럼 나 자신을 위한 작은 선택들이 모여, 외부의 기준이 아닌 나만의 삶을 만들어가는 단단한 기반이 된다.

또한, '관계' 속에서 자신을 돌아보는 것도 중요하다. 내가 타인과 어떤 관계를 맺고 있는지, 그 관계 속에서 나는 어떤 모습인지 솔직하게 마주해야 한다. 모든 사람의 기대에 부응하려 애쓰기보다, 진정으로 소중한 사람들과의 관계에 집중하는 것. 그 속에서 진정한 지지와 사랑을 주고받으며, 내면의 힘을 기를 수 있다.

마지막으로, '용기'를 내어보자. 타인의 시선에서 벗어나 나만의 길을 가기로 마음먹는 용기, 잠시 멈춰 서서 나를 돌아보는 용기, 실패를 두려워하지 않고 다시 도전하는 용기. 이 용기들이 모여 우리를 더 단단하고 깊이 있는 존재로 만든다.

성장은 '더 많이'를 추구하는 것이 아니라, '나답게' 나아가는 것이다. 남들과 비교하며 초조해하지 않고, 나만의 속도로 걷는 것. 30대는 바로 그 '나다운 성장'을 시작하는 가장 좋은 시기이다. 인생이라는 사막을 건너는 동안, 우리는 수많은 풍파를 겪겠지만, 내 안의 나침반을 믿고 나아간다면 어떤 길에서도 길을 잃지 않을 것이다.

한국 사회에서 '서른'은 마치 '서럽다'라는 정서와 겹쳐져 슬픔, 외로움, 그리고 알 수 없는 압박감을 상징하지만, '나'를 잃지 않는 균형 있는 성장을 이루고 삶의 다음 막을 향해 단단히 나아간다면 더 이상 서른은 서럽지 않을 것이다.

:: 심리학으로 본 성장의 재정의: '몰입'과 '의미'

성공과 성취만이 성장의 척도라는 기존의 생각에서 벗어나, 긍정심리학은 '행복한 성장'에 대해 이야기한다. 긍정심리학자 미하이 칙센트미하이(Mihaly Csikszentmihalyi)는 개인이 자신의 기술 수준에 맞는 적절한 난이도의 과제에 완전히 몰입하는 상태인 '플로우(Flow)'를 통해 최상의 경험을 한다고 설명했다. 외재적 보상과 관계없이 오직 활동 자체에 깊이 빠져들 때 우리는 진정한 즐거움과 행복을 느낀다. 이는 내가 '사람 만나는 일'을 할 때 몰입을 느끼는 것처럼, 외적인 성과가 아닌 내면의 만족에서 비롯되는 행복이 진정한 성장의 열쇠임을 보여준다.

궁극적으로 성장은 단순히 목표를 달성하는 것을 넘어, 삶의 의미와 목적을 발견하는 과정이다. 『사막을 건너는 중입니다』라는 책의 제목처럼, 인생은 때로 막막한 사막과 같지만, 그 사막을 건너는 여정 속에서 '나는 무엇을 위해 살고 있는가?'라는 질문에 대한 답을 찾아가는 것, 그리고 그 의미를 실현하기 위해 나아가는 것이야말로 진정한 성장의 완성이다. 타인의 기준을 걷어내고, 번아웃 속에서 회복하며, 멈춤의 용기를 가진 뒤에야 비로소 우리는 자신만의 의미 있는 삶을 살아가며, '나'를 잃지 않는 균형 있는 성장을 이룰 수 있다.

Act 3.

절제의 미학

Refining

새로운 나로 다시 태어나는 과정
- 한영원

한영원 코치는 단순한 방향 전환을 넘어, 위기에서 회복으로 전환하는 '턴어라운드 코치(Turnaround Coach)'로 "원하는 나의 삶을 발견하도록 돕는 것"을 사명으로 활동하고 있다. 피플코칭앤컨설팅 대표이자 직업상담사·평생교육사·청소년상담사이며, 한국코치협회 KPC 인증코치로서 10여 년간 진로·라이프·커리어 코칭을 이어왔다.

대학생의 진로 탐색, 청년의 사회 진출, 경력단절여성의 재도약, 중장년의 생애 설계까지 삶의 전환기에 선 이들이 두려움이 아닌 가능성으로 길을 바라보도록 돕는다. MBTI, 에니어그램, 버크만, TCI 등 다양한 심리검사와 강점 기반 코칭을 결합해 사람들이 자신의 잠재력을 인식하고 주도적으로 삶을 설계하도록 지원한다.

답을 주는 사람이 아니라, 답을 발견하는 여정의 동반자로서 자기다운 삶을 살고자 하는 모든 이들의 든든한 파트너가 되고자 한다.

e-mail : harang_coach@naver.com

3막, 흔들리는 나침반

"용기란 두려움이 없는 것이 아니라, 두려움 보다 더 중요한 무언
가가 있다는 판단이다."

— 앰브로즈 레드문

"혹시 내가 쓸모없는 사람이 되면 어떡하지?"

삶은 종종 예상치 못한 전환점을 나에게 던진다. 시대 변화가 상
수가 된 시대, '신사오정'이라는 단어가 다시 들려온다. 과거 '사오정'은
IMF 시기, 45세에 정년이 끝난다는 뜻이었다. '신사오정'은 정년(60세)
에 이르기 전 퇴직 압박을 받는 현상을 말한다. 정년까지 버티는 것보
다, 퇴사를 마음먹고 미리부터 하나하나 준비하는 '퇴준생(퇴직 준비생)'
이라는 말도 낯설지 않다. 실제로 주변의 지인들도 은퇴 전 퇴사를 선
택해, 1인 기업이나 프리랜서로 전환하는 사례가 늘어난다. 더는 정년
을 기다릴 수 없는 부담감이 더욱 깊어만 간다.

이전까지 단단하다 믿었던 나침반이 어느 날 갑자기 고장 난 듯하
다. 분명 준비되어 있다고 믿었다. 현직에 있을 때 상담 고객을 확보했
고 네트워크를 쌓았으며, 언젠가는 내 이름이 걸린 사무실을 열리라
는 자신이 있었다. 그러나 삶은 충분히 준비되어 있다고 판단하는 시점

에서 예상치 못한 불안을 경험한다. AI,챗 GPT, 자동화 도구들 새로운 흐름은 끊임없이 등장하고, 내가 겨우 익숙해질 즈음이면 또 다른 방식이 주류가 되어 있다.

:: 진짜 불안의 정체

흔들리는 나침반 앞에서 본능은 실패를 피하고 싶어한다. 실패라는 단어 자체가 불편하고, 두려움은 더욱 크게 다가온다. '혹시 이번에도 무너지는 것은 아닐까'라는 불안이 발목을 잡는다.

AI의 등장보다 본질적으로 두려운 것은, 변화에 흔들리고 무너지는 나의 내면이다. "내가 가진 기술과 역량은 여전히 유효한가?" 퇴사를 고민하는 순간, 내 안에서 거대한 내적 갈등이 일어난다. 익숙한 구조와 역할을 벗어나는 순간 불안은 커지고, '나는 잘할 수 있을까?'라는 의심이 끊임없이 따라붙는다. 퇴사는 단순히 회사를 떠나는 일이 아니다. 사회적 지위, 가족 안에서의 위치, 미래를 향한 기대와 걱정이 얽혀 있는 삶의 축을 바꾸는 일이기 때문이다. 수입이 끊길지 모른다는 불안, 오랫동안 맺이온 관계의 단절, 그리고 어디서부터 정보를 얻어야 할지 모르는 막막함이 겹겹이 다가온다. 이럴 때 가장 먼저 찾아오는 감정이 바로 '두려움'이다.

:: 준비해야 할 신호

두려움이 무엇을 말하는지 이제는 안다고 말할 수 있다. 두려움은 일어나지 않은 불확실성에 대해 스스로 만들어낸 불안의 감정이다. 때문에 두려움이 느껴진다는 것은 한편으론 현재의 삶에 안주하지 않고 싶다는 마음의 신호이다. 즉, 두려움은 불안에서 벗어나 삶을 재구성하라는 강력한 변화의 시그널이다.

나침반의 흔들림은 오류가 아니다. 미국 심리학자 롤로 메이(Rollo May)는 "용기란 불확실성과 불안 속에서도 의미 있는 삶을 향해 나아가는 존재의 태도"라고 말한다. 흔들림으로써 다시 조정하고 용기 있게 앞으로 나아갈 새로운 좌표를 찾을 수 있다. 돌이켜보면 지금의 나를 단단하게 만든 순간들은 언제나 실패의 흔적 속에 있었다. 성과를 내지 못했던 기획, 기대와 달리 흩어져 버린 관계, 끝내 버티지 못한 선택들. 그 모든 경험이 없었다면 나는 지금의 힘을 가지지 못했을 것이다. 실패는 상처처럼 보였지만, 오히려 변화 앞에서 나를 세운 토대이다. 불편함과 두려움을 딛고 나아갔던 시간들이 흔들림을 극복하는 방향이 된다.

:: 완벽함 보다 '진행 중'

불완전함 속에서도 시작하는 사람은 길을 발견한다. 중요한 것은 실패의 존재가 아니라 실패의 속도다. 어지러운 변화 앞에서는 빨리 실패할수록 더 빨리 배우고, 그만큼 더 빨리 성장한다. 생성형 AI 모델의 개발 과정은 '완벽한 제품'을 기다리기보다 '불완전한 상태로 세상에 먼저 나오는 것'에서 출발한다. ChatGPT는 2022년 GPT-3.5 공개 이후 현재 GPT-5에 이르기까지 눈에 띄는 진화를 이뤄냈다. 빠른 공개와 사용자 경험을 통한 학습이 어떻게 발전 속도를 배가시키는지를 보여준다. 이 원칙은 AI와 테크 산업혁신에 중요한 기준이 된다.

AI의 변화에는 실패를 두려워하지 않고, 오히려 실패를 통해 배워가겠다는 태도가 담겨 있다. 이제 나도, 완벽보다 속도를 택하며 실패 속에서 길을 찾는다. 빠른 실패의 경험은 어려운 길에서도 나를 다시 움직이게 만든다. 작은 도전일수록 빠르게 시도할 때 손실은 작고 배움도 즉각적이다. 심리학자 토리 히긴스(Tori Higgins)는 사람들이 행동 할 때 두 가지 동기에 따라 움직인다고 설명한다. 하나는 '향상 초점'으로 나아가는 방향이다. 다른 하나는 '예방 초점'으로 피하려는 방향이다. 실패를 피하는 데 초점을 맞추면 좌절을 겪은 후 더 포기하기 쉽다.

흔들림 속에서 길이 열린다. 오차가 생기면 수정하면 된다. 향상 초점으로 전환한다는 것은 완벽함이 아니라 '진행 중인 나'를 선택하는 것이다. 중요한 것은 시작이고, 그 결과로부터 배우는 것이다. 나는 이제 선택한다. 그리고 당신의 마음을 물어보려 한다.

"당신은 지금, 얼마나 빨리 넘어질 준비가 되어 있는가?"

절반의 에고, 그 이후의 삶

"인생의 전반기가 자아를 구축하는 시기라면, 후반기는 그 자아
로부터 자유로워지는 시기이다."

−칼융

"지금까지 하던 대로 해. 괜히 새로운 시도 하지 마."

새로운 시도를 준비할 때, 가장 먼저 들려오는 목소리는 종종 내 바
깥이 아니라 내 안에서 울린다. "괜히 모험하지 말고, 지금까지 하던 방
식대로 살아." 낯설고 불확실한 길 앞에 섰을 때, 외부의 제약보다 자
기 안의 불안을 더 크게 느낀다. 때문에 변화 앞에서 나를 가장 집요하
게 붙드는 것은 바로 내 안의 익숙한 에고였다.

과거의 에고는 생존과 적응에 최적화되어 있다. 사회가 요구하는 대
로 잘 해내는 사람이 곧 '괜찮은 사람'으로 평가받는다. 이렇게 형성된
에고는 늘 '조건적 자아'일 수 밖에 없다. 조건이 충족될 때만 스스로를
인정하고, 조건이 무너지면 쉽게 흔들린다. "좋은 대학에 들어가면 괜
찮은 나", "안정된 직장을 가지면 괜찮은 나." 이런 조건들은 나를 보호

하는 듯하지만, 동시에 삶의 뒤에서 나를 작동시킨다.

문제는 에고가 결코 중립적이지 않다는 데 있다. 대학기관으로 이직할 때 일이다. "나이가 좀 많네요"라는 말을 들었다. 에고는 타인의 짧은 한마디에도 쉽게 흔들린다. 상황을 통제할 수 없다고 느낄 때, 학습된 에고는 무기력으로 반응한다. 이때의 무력감은 단순히 나이가 들어서가 아니라, 과거의 에고가 더 이상 필요하지 않다는 증거이다. 내가 의지해 온 첫 번째 절반의 에고가 더 이상 유효하지 않음을 마주한 것이다.

:: 에고의 전환

이때 필요한 것이 바로 두 번째 절반의 에고다. 첫 번째 절반을 생존과 적응을 중심으로 했다면, 두 번째 에고에는 의미와 방향의 중심이 필요하다. 과거의 나는 평가나 사회적 기준에 맞추어 "무엇을 하는 사람"으로 정의되었다. 그러나 앞으로의 나는 "어떤 삶을 살아가는 사람"으로 새로운 정의를 만들어야 한다. 직업과 성취가 나를 설명하던 시대에서, 삶의 태도와 가치가 나를 설명하는 시대로 넘어가는 것이다. 이것은 단순한 언어의 전환이 아니다.

에고는 결국 내가 세상을 바라보는 방식이자 관계를 맺는 태도다. 내가 어떤 상황에서 무엇을 두려워하고 무엇을 욕망하는지는 이미 에고의 구조 속에 새겨져 있다. 그렇기에 변화를 시도할 때 가장 중요한 전략은 내면의 진실과 외부의 기대 사이에 건강한 거리를 두는 일이다. 건강한 바운더리는 나와 타인 사이에 건강한 거리를 두는 심리적 울타리다. 니나 브라운(Nina Brown) 교수는 자아 경계를 네 가지 유형으로 설명한다.

- **부드러운 경계(soft):** 타인과의 경계가 약해 자신의 가치나 욕구를 쉽게 희생한다.
- **스폰지 경계(Spongy):** 무엇을 받아들이고 차단할지 스스로 경계가 모호하다.
- **엄격한 경계(Rigid):** 타인과 감정적, 물리적으로 거리를 두며 신뢰, 개방이 어렵다.
- **유연한 경계(Flexible):** 자신과 타인의 경계를 잘 구분하고 상황에 따라 거리와 친밀도를 조절한다.

중년에 이르면 과거와 미래가 마주 선다. 지금까지 걸어온 길은 내 삶의 기반이 되어 나를 지탱해 주지만, 동시에 그것만으로는 앞으로의 삶을 설명할 수 없다. 육체적 변화, 관계의 재편, 부모나 자녀와의 거리, 직업적 정체, 죽음과 노화에 대한 인식이 변한다. 더 이상 과거의 방식대로 살 수 없음을 어렴풋이 느끼는 순간, 내 안의 나침반은 흔들리기 시작한다. 중요한 것은 과거를 지워버리는 것이 아니다. 오히려 그 바탕 위에서 어떻게 새로운 이야기를 다시 써 내려가느냐이다.

:: 건강한 바운더리

바운더리는 결국 내가 선택하고 설정하는 것이다. 지금까지 나는 딸, 엄마, 배우자, 직업인으로서 다양한 역할을 살아왔다. 그 모든 에고는 내 삶의 중요한 일부였다. 그러나 인생의 3막은 다시 '나 자신'으로 돌아오는 여정이다. 사회적 정체성을 넘어, 이제는 "나는 누구인가?"라는 근원적인 질문 앞에 서게 된다. 중요한 질문은 "어디까지 수용하고 어디서 멈출 것인가"이다. 바로 그 지점에서 두 번째 에고가 시작 된다.

건강한 에고 바운더리를 세운다는 것은 단순히 스스로를 방어하는 일이 아니다. 그것은 나를 보호하면서도 동시에 삶의 새로운 방향을 탐색할 수 있는 안전한 쿠션을 마련하는 일이다. 나침반이 흔들리는 순간에도 중심을 잃지 않게 해주는 힘이다. 전환점은 나를 바라보는 관점이 근본적으로 달라지는 순간이다. 과거의 경험이 단단한 토대가 되고, 새로운 바운더리가 그 위에 세워질 때, 나는 비로소 흔들림 속에서도 나만의 길을 걸어간다.

버리는 좌표, 남겨야 할 선택

"선택이란 하나를 갖는 것이 아니라 다른 하나를 기꺼이 포기하는 용기이다 "

―작자미상

"요즘 왜 그렇게 바빠?"

바쁨은 내게 자기 증명의 수단이었다. 내가 얼마나 치열하게 살고 있는지 스스로 느껴가며 위안을 삼곤 했다. 일정으로 가득 찬 다이어리, 쉴 틈 없이 울리는 알람, 잠을 줄여가며 몰두했던 일과 학습. 그모든 것은 속도가 미덕이고, 성과가 곧 성공이라 믿었던 시절의 내 모습이다. 더 많이 알고, 더 많이 이루는 것이 잘 사는 길이라 확신했다.

그러나 바쁨은 삶의 방향을 잃었다는 신호이다. 무언가에 쫓기듯 살아갈 때, 그것은 단순히 시간을 빼앗는 데 그치지 않고, 사고의 폭자체를 좁힌다. 심리학자 배리 슈워츠(Barry Schwartz)는 『선택의 역설』에서 선택지가 많아질수록 만족감은 줄어든다고 했다. 많은 것을 하려 하지만 정작 깊이 이룬 것은 거의 남지 않는다. 나에게 필요한 것은 '더 하는 것'이 아니라 '덜 하는 결단'이다.

인생의 후반부로 갈수록 선택은 '무엇을 얻을 것인가'의 문제가 아니라 '무엇을 지킬 것인가'의 문제가 된다. 로라 카스텐센(Laura Carstensen) 교수의 사회정서적선택이론(Socioemotional Selectivity Theory)에서 인간은 시간이 유한하다고 느낄수록 정서적 만족과 의미 있는 관계를 중시한 다고 말한다. 새로운 영역을 탐색하기보다, 소수의 깊은 관계에서 오는 충만함을 선택하는 것이다.

:: 포기의 기술

덜 하는 선택은 삶을 선명하게 만든다. 포기는 실패가 아니라, 한정된 자원을 가장 중요한 곳에 집중하겠다는 의식적인 선택이다. 모든 것을 잘해낼 필요는 없다. 오히려 나에게 진정으로 중요한 핵심영역을 선택하고, 그렇지 않은 부분은 과감히 내려놓는 용기가 삶의 질을 결정한다. 포기는 나의 시간과 에너지를 가장 소중한 곳에 사용하겠다는 이기적인 선언이기도 하다. 내 삶의 후반에 불필요한 것들을 찾아본다.

첫째, 의무감으로 유지하던 관계이다. 오랫동안 관계를 유지해 온 이유가 '정'이나 '채인감'일 때가 있다. 시간이 흐르면서, 나보다 타인의 기분을 더 살피는 습관이 나를 점점 지치게 만들었다. 억지로 맞추고, 불편함을 삼키며 이어가는 관계는 결국 나를 소모시킨다. 이제는 나를 진심으로 응원해 주고, 편안하게 있을 수 있는 사람 곁에 머무르고 싶다.

둘째, 더 이상 설렘을 주지 않는 목표이다. 한때 목표는 나를 움직이게 하는 원동력이었다. 하지만 때론 이유를 잃은 채 습관처럼 붙잡고 있는 짐일 때가 있다. 성취보다 유지가 목적이 되어 버린 목표는 에너지를 소모시킬 뿐이다. 꽉 움켜쥔 목표를 내려놓을 때, 비로소 열정이 들어올 공간이 생긴다.

셋째, 모든 것을 완벽하게 해내야 한다는 강박이다. 모든 것을 완벽히 해내야 한다는 믿음은 겉으로는 책임감처럼 보이지만, 안으로는 나를 끝없이 몰아붙인다. 실수하지 않으려는 두려움에는 도전의 즐거움이 없다. 때로는 허술함 속에서 더 인간적인 온기가 느껴진다.

어제 내가 내린 정답이 오늘의 오답이 될 수 있는 시대이다. 인생을 선택하는 방법은 거대한 전략에서 나오지 않는다. 중년의 지혜란 모든 것을 알기보다, 무엇이 진짜 중요한지를 알아차리는 성찰에서 나온다. 삶의 우선순위를 재정립하는 것은 에너지를 빼앗긴 자리에 풍요로운 의미를 채우는 일이다. 나에게 의미를 주는 사람, 여전히 나를 성장시키는 일, 그리고 스스로에게 떳떳하게 살아갈 수 있는 그런 유연한 선택이면 그대로 충분하다.

과거의 자산, 변화하는 힘

"우리가 걸어온 모든 길은 결국 나라는 작품을 완성하기 위한 밑그림이었다."

-작자미상

"어떻게 그렇게 하실 수 있으셨나요?"

누구나 저마다의 경로를 만들며 살아간다. 전문 코치가 되기 전까지 내 이력서는 7곳의 회사와 5번의 직업 전환으로 채워져 있다. 누군가의 눈에는 이 여정이 방향 없이 흩어진 점들의 나열처럼 보일지도 모른다. 그러나 이 모든 경험은 하나의 질문을 향한 나의 여정이다. 그것은 '나는 어떤 삶을 살고 싶은가'라는 물음에 답을 찾아가며 만들어낸 과정의 길이었다. 심리학에서는 이를 '서사적 자기 이해(narrative identity)'라고 부른다.

과거는 그저 지나간 시간이 아니라, 나의 선택들이 모여 비로소 '나'라는 사람을 설명하는 단 하나의 이야기가 된다. 그것은 어디에도 없던 나만의 목소리가 되고, 내가 누구인지 말해주는 단서가 된다. 첫직장인 3D 그래픽 디자이너로서 창의성을 배웠고, IT 네트워크 팀의 운

영을 배웠으며, KT 드라마 키즈센터의 센터장으로 전체를 보는 눈을 키웠다. 평생교육사로서 기획력을 발휘하고 직업상담사로서 상담경험을 쌓으며, 지금의 전문 코치에 이르기까지. 이 모든 조각들은 흩어져 있을 때보다 연결될 때 비로소 거대한 그림을 완성한다.

:: 재해석 하기

과거의 경험은 수정되고 연결된다. 한때 내가 실패했다고 여겼던 선택들을 다시 들여다보면 큰 전환점이 보인다. 오랫동안 '계획−실행 모델'이라는 철옹성 안에서 살아왔다. 문제를 정확히 인식하고, 해결을 위한 완벽한 계획을 세우고, 단계를 촘촘히 나누어 그대로 실행하는 방식을 매우 선호한다. 실패라는 리스크를 최소화하기 위해 철저히 준비하고 움직이는 것이 미덕이라 믿었다. 덕분에 시험에 관해서는 '무패의 신화'를 가지고 있다. 그러나 인생은 언제나 계획의 빈틈을 파고든다. 모두가 합격하리라 예상했던 첫 코치 시험에서 보기 좋게 낙방한다. 오히려 떨어지기가 더 어렵다던 그 시험에서 말이다. 실패라는 감정은 낯설고 고통스러웠다.

부정적인 감정은 마주하기보다 회피하는 것이 훨씬 쉬운 법이다. 한순간에 내 존재가 무너지는 듯한 큰 고통을 애써 외면해 본다. 3개월간의 깊은 충격과 방황 끝에 실패속에서 새로운 나를 깨닫는다. 쓰러진 그 자리에서 내가 무엇을 배웠고, 어떤 선택을 했는지를 이해한것이다. 그때의 나를 비난하는 대신, 그 상황을 끝까지 살아낸 나를 인정 해준다. 비로소 깊게 패인 상처는 나를 이해하는 중요한 자산이 된다. 지금 나는 그 누구보다 코칭의 힘을 믿고 사랑하는 전문 코치이다.

:: 인지적 유연성

해왔던 대로 하면 살기 힘든 세상이다. 예측 가능한 정답은 줄어들고, 다양한 변수와 유연한 대처가 중요하다. 이때 필요한 무기가 바로 '인지적 유연성(Cognitive Flexibility)'이다. 복잡하고 애매한 상황에서도 다양한 가능성을 인식하고, 유연하게 사고를 전환하는 힘이다. 바꾼다는 건 실패가 아니라, 삶에 대한 민감한 감각을 유지하고 있다는 증거이다.

완벽한 계획을 만드는 대신, '시험-학습 모델'이라는 새로운 접근법을 활용해 본다. 먼저 시도 하고, 경험의 피드백을 통해 끊임없이 방향을 수정해 나가는 방식이다. 그 과정에서 배우고, 보완하기를 반복한다. 알고 시작하는 것이 아니라, 시작하기 때문에 알게 되는 것이다. 내가 걸어온 길을 돌아보면, 아직 사용하지 않은 보물, 열어보지 않은 통찰이 그 안에 가득하다. 인생 3막은 과거의 경험을 어떻게 꺼내 쓰느냐에 따라, 언제든 새로운 니로 다시 데어날 수 있다. 자기 서사를 재구성하는 것은 자기 인생의 주도권을 되찾는 일이다. 이미 다양한 재료들은 내 손에 쥐어져 있다. 이제 그걸 어떻게 연결하느냐는 오롯이 나의 몫이 된다.

새로운 방향, 창조의 나침반

"인생은 자신을 찾는 과정이 아니라, 자신을 만드는 과정이다."

— 조지 버나드 쇼

"내가 만들 수 있는 가능성은 무엇인가?"

『마음먹기』라는 그림책이 있다. 마음을 달걀에 비유해, 우리가 하루에도 수십 번씩 "마음을 두드리고, 뒤집고, 들들 볶고, 뒤섞는다"고 표현한다. 어떤 날은 마음을 태우고, 어떤 날은 잘 익히며, 또 어떤 날은 다시 새롭게 마음을 만들기도 한다. 살면서 가장 답답한 순간이 바로 '앞이 보이지 않을 때'다. 인생의 새로운 좌표를 찍는 순간 역시 그렇다. 다음에 어디로 가야 할지, 어떤 길을 선택해야 할지 막막해지는 순간이다.

삶을 계획하는 방식에는 두 가지가 있다. 하나는 정해진 코스를 따라 안전하게 이동하는 '관광'이고, 다른 하나는 예측할 수 없는 길을 직접 걸어가는 '여행'이다. 인생의 3막, 즉 중년 이후의 삶은 단순한 '관람'이 아니라 직접 설계해야 하는 시기다. 경영학자 피터 드러커(Peter Ferdinand Drucker)는 미래를 예측하는 가장 좋은 방법은 그것을 직접 만드는 거라고 말한다. 변화가 극심한 시대는 세상이 정해준 길을 수동적으로 따라가는 '관광인'보다 스스로 길을 만드는 '여행인'이 훨씬 유리하다.

:: 삶의 도구들

단순히 '어디로 갈까?'의 문제가 아니다. 인생의 3막은 직접 설계자의 능력이 필요하다. 누군가 만들어 둔 무대에 서는 대신, 자신이 무대 를 기획하고 스토리를 새롭게 써 내려가는 사람만이 새로운 나침반의 주인공이 된다. 매슬로우(Maslow)는 인간은 자기실현의 경향이 있어서 최적의 조건을 주면 목적을 향해 성장해 나간다고 한다. 이제 3막의 입구에 서서 나의 여정에 필요한 도구를 살펴본다.

첫 번째 도구는 '의외의 경험'이다.

내가 스스로를 새롭게 발견했던 순간은 늘 '의외의 경험'과 맞닿아 있다. 예기치 않은 만남, 계획에 없던 길에서의 깨달음, 실패라 여겼던 사건 속에서 배운 통찰이 그렇다. 일본의 기획자 류자키 쇼코는 자신을 '뜻밖의 경험을 디자인하는 사람'이라 소개한다. 그는 세상에 없던 호텔을 기획하며, 고객들에게 '행복한 불일치'를 선물했다. 사람들은 기대와 다른 경험 앞에서 처음에는 당황하지만, 곧 깊은 감동을 느낀다. 낯선 시도와 익숙하지 않은 선택은 힘이 든다. 그러나 의외의 시도에서 삶은 새로운 가능성을 만들어 낸다.

두 번째 도구는 '자기 영양분'이다.

삶에는 자신에게 필요한 영양분이 있다. 내게는 함께, 인정, 도전이 제공되면 목표를 향해서 잘 자라난다. 혼자가 아니라 누군가와 연결될 때, 새로운 시도 앞에 설 때, 작지만 꾸준한 성장을 경험할 때 에너지가 충전된다. 그러나 언제나 적절하게 영양분이 제공된 것은 아니다. 너무 지나친 도전에는 불필요한 잡초가 자라나고, 어느 순간에는 사랑이 부족해 씨앗이 마르기도 한다. 지금 내게 필요한 영양이 무엇인지 살피는 노력이 중요하다.

세 번째 도구는 '공간의 확장'이다.

"걸으면 길이 생긴다"는 말이 있다. 나는 한 걸음 더 나아가, 점을 찍는 순간 새로운 '면(面)'이 열린다고 믿는다. 점은 단순히 멈춤이 아니라 가능성의 시작이다. 첫 번째 점은 나를 멈춰 서서 돌아보게 하고, 두 번째 점은 다시 일어서게 한다. 세 번째, 네 번째 점들이 연결될 때, 나는 비로소 나만의 고유한 나침반을 만들어 간다. 이제는 더 큰 공간을 상상한다. 내 관심과 내 기여가 확장될 수 있는 곳, 나의 언어가 살아 움직이고, 나의 이야기가 공명할 수 있는 새로운 장(場)을 떠올린다.

새로운 좌표는 외부의 요구와 내 안의 열망 사이 어딘가에서 찍힌다. 그동안 찍어 온 삶의 좌표에는 기대했던 길도 있었고, 뜻밖의 샛길도 있다. 내가 나눈 관계와 도전의 흔적과 성장의 기록이 미래가 된다.

미래 는 나를 향해 오지 않는다. 지금, 지도에 조심스럽게 그러나 확신을 담아 찍는 점이 바로 나의 미래이다.

내면의 이야기가 구체적일수록 미래는 단단해진다. 내 삶의 모든 요소들을 바탕으로 좌표를 점검하고, 미래를 향한 나의 새로운 스토리를 그린다. 찍어온 점들이 선이 되고, 면이 되어 나만의 이야기가 될 때 비로소 내가 된다. 이것이 바로 내가 만드는 인생 3막의 나침반이다.

참고문헌

- Brown, Nina W. 『건강한 경계선: 내 삶을 위한 힘』. 이은주 옮김. (원서: Brown, Nina W. Healthy Boundaries. New Harbinger Pub, 1998.)

- 로라 카르스텐센의 사회정서적 선택이론 (심리학자, 『사회심리학과 생활의 Q』)

- 류자키 쇼코, 『뜻밖의 경험이 나를 키운다』. 조은하 옮김. 사람과책, 2016.

- 멀레이너선, 센딜, 샤피, 엘다. 『결핍(희소성: 왜 너무 적게 갖는 것이 그렇게 많은 것을 의미하는가)』. 김동균 옮김. 리더스북, 2014.

- 메이, 롤로. 『인간에 관한 탐구(존재의 발견)』. 황동근 옮김. 문학동네, 2008.

- 슈워츠, 배리. 『선택의 역설(Paradox of Choice)』. 김고명 옮김. 세종서적, 2005.

- 이미진. 『마음먹기』. 토토북, 2022.

- 히긴스, E. 토리. '조절 초점 이론: 촉진 및 예방 동기 상태'. 『실험 사회 심리학 발전』(Advances in Experimental Social Psychology). Academic Press, 1998.

전환기 불안을 이기기 위한 자기 돌봄
- 변정임

변정임독서코칭연구소 대표이자, 15년 경력의 전문 코치(KSC 슈퍼바이저코치)이며, 싱잉볼 명상심리지도사로 내면 성장을 돕고 있다. 국민대학교, 신라대학교 등 대학에서 겸임/외래교수로 강의했으며, 청주MBC, TJB대전방송 등 지상파 방송 진행자와 라디오 DJ로 15년간 활동했다.

타인과의 행복한 공존, 진정한 자기실현의 핵심은 '자신과의 깊은 연결'에서 비롯되는 '자기 돌봄'이라고 생각한다. 자기다운 것을 좋아하지만, 세상을 존중하길 바라며, 자연스러운 것을 좋아하지만, 품격이 있길 바라고, 아름다운 것을 좋아하지만, 그 반대의 것도 포용할 수 있길 바란다. 코칭과 교육을 통해 자신을 제한하는 믿음을 뛰어넘어 자기해방으로 나아가는 여정을 돕고 있다.

건강의 근육 만들기

어떤 일을 3시간씩 10년 동안 꾸준히 하면 전문가가 될 수 있다고 한다. 하지만 10년의 4배, 5배가 지났는데도 삶이라는 영역에서는 전문가는커녕 효능감을 느끼는 순간이 드물다. 게다가 예전 같지 않은 몸은 나 좀 봐달라는 듯 삐걱거리고, 자녀의 학업과 자립을 돕고, 연로하신 부모님을 모시는 데에 경제적 부담도 늘어난다. 더구나 열심히 살아온 것 같은데 내세울 만한 성취도 없는 것 같아 공허해지기도 한다. 이게 끝이 아니다. 길어진 은퇴 이후의 삶, 노후를 생각하면 불안하고 우울해진다.

심리학자 다니엘 레빈슨(Daniel Levinson)은 인생의 주기를 봄, 여름, 가을, 겨울, 사계절에 비유하며 각 인생기 사이에는 현재의 삶을 마무리하고 다음 시기를 준비하는 '전환기', 즉 환절기와 같은 시기가 존재한다고 설명한다. 45세에서 60세는 중년기로의 전환기를 지나 중년의 절정에 이르는 시기이며, 동시에 '후기 성인기'라는 새로운 단계를 준비하는 시점이기도 하다. 이때엔 삶의 속도가 자연스럽게 달라진다. "앞으로 어떻게 살아야 할까?"라는 질문이 잦아지고, 사소한 변화에도 이유

없는 불안이 올라온다.

이렇게 불안을 느끼는 이유 중 하나는 '내가 준비되지 않았다'라는 생각 때문이다. 그러나 50대는 더 이상 무언가를 증명하거나 쌓아 올려야 할 나이가 아니다. 이제는 내 안을 단단하게 가꾸고 정리하는 힘이 필요하다. 그 시작점은 건강의 근육을 기르는 '자기돌봄'이다. 여기서 말하는 건강은 단순히 병이 없는 상태가 아니다. 몸과 마음이 조화를 이루고, 내면의 '참나(Self)'와 연결된 상태를 말한다. 몸이 건강하면 마음이 흔들려도 금세 중심을 잡을 수 있다. 반대로 마음이 안정되면 몸의 변화에도 불안에 휘둘리지 않는다. 건강의 근육은 바로 이 두 가지를 모두 단단하게 만드는 힘이다.

그렇다면 건강의 근육은 어떻게 기를 수 있을까? 최근 그 실마리를 찾았다. 얼마 전 담낭 제거 수술을 받고 건강관리에 신경 쓰는 배우자 덕분에 『완전소화』라는 책을 읽게 되었다. 국립암센터와 서울대학교 의학연구원에서 질병을 연구한 류은경 님은 "공복은 소화기의 휴식 시간이며 몸의 재생 시간이다"라고 말한다. 그런데 나는 공복이 두렵다. 어렸을 때부터 비위가 약하고, 멀미를 자주 했던 탓에 그 고약한 울렁거림과 메스꺼움, 어지러움에 대한 일종의 공포가 있다. 어른이 된 지금도 빈속에 차를 타거나, 커피를 마시면 멀미하듯 속이 울렁거려 여간 괴로운 게 아니다. 그래서인지 공복이면 큰일이라도 날 것처럼 뭔가를 먹어두려는 습관이 생겼다. 멀미에 대한 두려움이 나도 모르는 사이 '공복'에 대한 두려움으로 바뀐 것이다.

그런데 책은 나에게 다른 시선을 보여주었다. 충분한 휴식이 일의 효율을 높여주듯, 공복은 장기들의 회복과 다시 일할 준비를 돕는다고. 생각해보면, 나는 위(胃)에게 리셋할 틈도 주지 않고 쉼 없이 일만 시킨 셈이다. 평생 나를 위해 일해온 '위'에게 심히 미안한 마음이 들었다. 건강의 핵심은 '공복과 만복의 균형'에 있다.

4·50대 인생 3막의 건강 근육을 키우기 위해서는 '공복과 만복'을 어떻게 조화롭게 만들 것인가가 관건이다. 공복(空腹)은 배고픔의 상태가 아니라 몸과 마음에 여유를 만들어 주는 '비움과 회복의 시간'이다. 현대인들은 맛있는 음식, 건강에 좋은 보조제, 쏟아지는 정보, 자극적인 볼거리, 해야 할 일, 다양한 관계의 요구까지 모든 것이 넘쳐나는 삶을 살고 있다. 이렇게 쉼 없이 꽉 찬 상태로 살다 보면 결국 몸과 마음에 과부하가 걸리고 만다. 몸의 공복은 '회복'의 신호다. 비로소, 소화 기관은 스스로 청소하고 다시 힘을 얻는다. 마음의 공복은 '명료함'의 시작이다. 잠시 휴대전화를 내려놓고, 일상의 소음에서 벗어나 호흡에 주의를 두면, 그동안 알아채지 못했던 내면의 진짜 생각과 만나게 된다. 몸과 마음의 공복을 두려워하지 않고 절제하며, 비울 줄 아는 용기가 건강의 첫 번째 근육이다.

그렇다면 만복(滿腹)이란 무엇인가? 만복은 단순히 배부름이 아니라, '충분히 만족할 수 있는 상태', 즉 감사와 안도를 느끼는 상태다. 건강한 음식을 섭취하고, 따뜻한 대화를 나누며, 일상의 소소한 기쁨을 온전히 받아들이는 것, 이것이 건강한 채움이다. "나는 아직 부족하다"라는 마음 대신, "지금도 충분해"라고 스스로 인정해 주는 마음이다.

채워진 것을 음미하며 감사할 줄 아는 마음. 이것이 건강의 두 번째 근육이다.

50대 이후의 삶은 무언가를 더 채우는 삶에서, 이미 채워진 것을 음미하는 삶으로 옮겨가는 시기다. 만복의 감각을 느낄 줄 아는 사람은 작은 것에도 쉽게 감사함을 발견하며 풍요로운 삶을 살아간다. 공복은 배움과 성찰을 주지만, 너무 오래 비우면 결핍이 되고, 만복은 안정감을 주지만 과하면 탐욕이 된다. 이 둘의 리듬을 조화롭게 다루는 것이 건강의 근육을 기르는 핵심이다. 하루 중 의도적으로 비우는 시간을 만들고, 채워진 것에 감사하는 순간을 늘려가 보자. 그 작은 실천이 쌓일 때, 전환기에 겪는 불안은 줄고 삶의 중심은 더 단단해질 것이다.

무엇이 나를 웃게 만드는가, 유쾌함의 기술

최근 배가 아프도록 웃어본 경험이 있는가?

요즘 내게 즐거움을 주는 것 중 하나는 집 앞 작은 카페에 앉아 등
교하는 초등학생들의 모습을 바라보는 것이다. 어린이들은 그야말로
꽃처럼 예쁘다. 어쩜 그리 표정도, 모습도 다양한지. 동화책에 나올 법
한 귀여운 아이부터, 아이돌처럼 멋지게 꾸민 아이, 벌써 자기만의 세
계가 확고해 보이는 아이, 엄마·아빠의 얼굴이 선명하게 그려지는 아
이까지, 아이들에게서 뿜어져 나오는 순수한 개성을 관찰하다 보면 저
절로 미소가 지어진다. 특히 작은 것에도 멈춰 서서 호기심을 드러내
고, 감탄하는 아이들의 모습은 참 흥미롭다. 등굣길에 만난 친구를 몇
달 만에 만난 것처럼 반갑게 인사하는 아이, 떨어지는 낙엽을 받으며
감탄하는 아이, 처음 보는 강아지에게 신기한 듯 다가가는 아이. 아이
들은 세상 모든 것이 놀랍고 새롭다. 반면 나이 든 어른들은 어떤가.
대부분 굳은 표정에 지친 얼굴이다. 언제부터 우리는 세상을 향한 놀
라움을 잃어버린 걸까?

60대가 된 나의 모습을 상상해 보자. 어떤 모습이 떠오르는가? 행복하고 여유 있는 모습인가? 아니면, 걱정에 사로잡혀 아무것도 떠오르지 않는가? 사실 걱정은 미래를 대비하게 해주는 전두엽의 좋은 기능 중 하나다. 인간은 수만 년 동안 진화하면서 '자기 개체 보호'를 위해 생존의 위험 요소인 부정적인 것에 민감하게 반응하고, 반추하는 습성을 지니게 되었다. 하지만 미래의 일을 걱정하며 같은 시나리오를 끊임없이 반추하다 보면 '걱정 회로'가 뇌에 각인된다. 문제는 이 회로가 아직 일어나지 않은 일을 마치 현실처럼 느끼게 만든다는 것이다.

다행히 뇌에는 걱정 회로만 있는 것이 아니다. 신경과학자 자크 판크세프(Jaak Panksepp)에 따르면, 살면서 경험한 모든 긍정적인 관계는 7가지 감정 회로 가운데 '보살핌 회로'를 강화해 준다고 한다. 그러므로 자신과 긍정적인 관계를 맺고, 미래에 대한 긍정적 시나리오를 만들어 가야 한다. 내가 그리는 60대의 시나리오는 삶에서 터득한 지혜를 바탕으로 여유와 활력이 있는 유쾌한 모습이길 바란다. 선배에겐 존경과 연민으로, 동년배에겐 동료애와 유머러스함으로, 후세대에겐 개방적이고 겸손한 자세로 무엇보다 유쾌하게 함께하고 싶다. 일본 극작가 이노우에 히사시는 희극을 쓸 때 "어려운 것을 쉽게, 쉬운 것을 깊게, 깊은 것을 재밌게, 재밌는 것을 진지하게, 진지한 것을 유쾌하게 그리고 유쾌한 것을 어디까지나 유쾌하게"라는 모토로 글을 쓴다고 한다. 나 또한 어디까지나 유쾌하게 살고 싶다.

그런데 혹시 이런 꿈을 꾸기엔 너무 늦은 것은 아닌지 걱정되는가?

총인구를 연령순으로 나열할 때 정중앙에 있는 사람의 나이를 '중위 연령'이라고 한다. 통계청에 따르면 1995년, 30년 전만 해도 우리나라 중위 연령이 남녀 평균 29.3세였는데, 2025년 현재는 46.7세다. 30년 사이 중위 연령이 17.4세나 상향되었다. 그럼, 지금의 4 ·50대가 5 ·60 대가 되는 10년 후는 어떨까? 2035년엔 중위 연령이 남녀 평균 52.5 세다. 즉 지금의 4 ·50대는 5 ·60대가 되어도 중간 나이거나, 그보다 약간 더 많은 나이일 뿐이다. 그러니 삶이 얼마 안 남았다는, 준비가 덜 되었다는 불안감에 매몰되기보다, 자신이 바라는 60대의 모습을 유쾌하게 꿈꿔야 한다.

어디까지나 유쾌한 60대를 위해 필요한 것이 두 가지 있다. 첫 번째 는 뭐니 뭐니 해도 건강이다. 당연한 얘기지만 몸이 아픈데 유쾌하긴 어렵기 때문이다. 둘째는 유쾌함을 연습하는 것이다. 행동과학자이자 의사인 앤서니 T. 디베네덷(Anthony T. DeBenedet)은 『유쾌함의 기술(Playful Intelligence)』에서 복잡한 인생을 조금 더 가볍게, 그리고 즐겁게 살아가 기 위한 다섯 가지 법칙을 제시한다. 저자는 상상력, 사교성, 유머, 즉 흥성, 경이감의 순서로 소개하지만, 나는 '경이감'이야말로 유쾌함의 출 발점이라고 생각한다.

경이감은 놀랍고 신기한 느낌이다. 신경생리학적 차원에서 경이감은 감정을 담당하는 변연계와 대뇌피질 내의 연합 피질과 관련이 있다. 감 각 자극이 기존의 변연계와 연관 회로에 새로운 자극을 줄 때 우리는 경이로움을 느끼게 된다. 경이감의 가장 큰 힘은 우리를 현재에 머물게 한다는 것이다. 과거의 후회나 미래의 걱정에서 벗어나 지금, 이 순간에 온전히 집중할 수 있게 한다. 또한 경이감은 몸의 염증을 줄이고 심혈관 질환과 암을 예방하는 데 도움을 준다.

경이감을 회복하는 가장 좋은 방법은 어린아이들이 느끼는 경이감을 관찰하고 경험하는 것이다. 아이들은 세상 모든 것이 처음이다. 빗방울 소리, 구름의 모양, 지나가는 버스 소리까지도 신기해한다. 평범한 일상에서도 놀라움과 감탄을 느낄 때, 우리 안에 잠들어 있던 유쾌함이 깨어난다. 사실 이렇게 살아 숨 쉬는 것 자체가 얼마나 놀랍고 기적과 같은 일인가?

경이감으로 세상을 바라보면 나머지 유쾌함의 요소들도 자연스럽게 따라온다. 고정된 시선에서 벗어나 상황을 새롭게 해석하는 '상상력', 선입견 없이 열린 태도로 타인을 만나는 '사교성', 힘든 순간에도 웃음을 잃지 않는 '유머', 완벽주의의 틀을 내려놓고 예상치 못한 상황도 새로운 모험으로 받아들이는 '즉흥성'까지. '경이감'이 이 모든 유쾌함의 기술들의 토대가 된다.

유쾌함은 타고난 성격이 아니라, 삶을 대하는 태도에서 비롯된다. 모든 것을 처음 본 아기처럼 놀랍고 신기해하는 경이감을 장착하고 세상을 바라본다면 분명 삶이 유쾌해질 것이다. 카페에 앉아 아이들의 모습을 관찰하는 것을 즐기는 이유도 이런 경이감을 회복하고 싶어서인지도 모르겠다. 조금 더 자주 감탄하고, 조금 더 자주 웃어보자. 언젠가 배가 아프도록 웃는 날이 다시 찾아올 것이다.

도움을 청하는 용기

"잘 모르겠어." "내가 실수했어." "미안해." "걱정돼." "불안해." 이 말들의 공통점은 무엇일까? 모두 어느 정도 용기가 필요한 표현이라는 것이다." 자신의 불완전함과 마주하고, 취약한 구석이 있다는 것을 드러내야 하기 때문이다. 더구나 언제나 유능해야 한다는 강박에 사로잡혀 있는 사람에겐 더욱 어려운 말들이다. 체면과 예의를 중시하는 문화에서 성장했거나, 허점을 보이면 금방이라도 무너질지 모르는 약육강식의 생태계에서 사회생활을 해 온 사람도 마찬가지다. 늘 동생들을 챙겨야 했던 K-장녀, K-장남과 같은 책임감이 강한 사람에겐 더욱 어려운 말들이다.

작가 찰리 맥커시(Charlie Mackesy)는 그림책 『소년과 두더지와 여우와 말』에서 소년과 말의 대화를 통해, "도와줘."라는 말이 살면서 했던 가장 용감한 말이라고 한다. 정말 강할 땐 약점을 대담하게 보여주며, 도움을 청하는 건 포기하는 게 아니라 포기를 거부하는 것이라고도 말한다. 누군가에게 도움을 청하는 일은 특히 4·50대 어른들에게는 쉬운 일이 아니다. 상대에게 민폐가 될까 염려하는 마음, 무엇이건 그 정도는 스스로 해내야 한다는 생각, 한때는 시련을 이겨내는 힘으로 작동했지만 이젠 언제든, 꼰대로 비칠 수 있는 자존심을 내려놓기가 참 어렵다. 게다가 부탁이 받아들여지지 않을 때 그것을 자신에 대한 거절로 보는 탓에 더 어렵다. 상대는 단지 상황이 되지 않거나, 여력이 없어 들어줄 수 없는 것인데도, 자신을 거절하는 것으로 생각하니, 그런 상황이 올까 봐 두렵고, 그런 생각만 떠올려도 민망해지는 것이다. 그렇게 내밀하게 거절에 대한 두려움을 키우게 된다.

안타깝게도 이런 두려움이 우리를 더 고립되게 만든다. 누군가에게 도움을 청하고 도움을 주는 일은 삶을 풍요롭게 만드는 지혜이다. 서로의 삶에 한 발짝 다가가 사람 냄새 나는 따뜻한 연결을 가능하게 하는 일이기 때문이다. 가끔 주고받음을 완벽하게 제로 세팅, '0'으로 만들려는 지나치게 깔끔한 사람들이 있다. 하지만 이런 종류의 깔끔함은 상대나, 둘의 관계를 위한 것이 아닌 경우가 많다. 자신이 얼마나 상식적인 사람인지, 타인을 얼마나 존중하는 사람인지를 나타내고 싶거나, 타인과의 불편한 연결에 여러 차례 상처받은 마음일 수도 있다. 즉 자신을 보호하고 외부의 침해를 미리 막으려는 것이다.

하지만 이런 자기 보호가 과연 우리를 행복하게 할까? 삶에서 행복했던 순간을 떠올려 보라. 능력을 인정받거나, 의미 있는 성취를 만들어내는 것도 기쁘지만, 충만한 행복, 또 다른 행복으로 이어지는 행복은 '타인과의 연결감'에서 온다. 그 누구에게도 손 벌리지 않고 살겠다는 야심은 타인이 내 삶에 기여할 기회를, 내가 다른 사람의 삶에 기여할 기회를 박탈하는 것이다. 비폭력대화(NVC) 창시자 마셜 B. 로젠버그(Marshall B. Rosenberg)는 우리 삶을 풍요롭게 하려면 우리가 원하는 것을 다른 사람에게 부탁할 수 있어야 한다고 말한다. 단 부탁받은 사람이 자신이 부탁을 거절하면, 비난이나 벌을 받게 될 거라고 믿게 된다면 그것은 부탁이 아니라 강요라고 말한다. 결국 강요는 복종이 아니면 반항으로 귀결되며, 우리의 바람과는 반대로 부담스럽거나 피하고 싶은 관계가 될 가능성이 높아진다. 그러므로 누군가에게 부탁할 땐, 상대가 자신의 더 소중한 욕구를 충족하기 위해 'NO'라고 할 수 있음을 전제해야 한다. 한 걸음 더 나아가 우리의 부탁을 즐거운 마음으로 들어줄 수 있을 때만, 'YES' 해달라고 말하는 것도 좋다. 은근히 강요하고 싶어지는 마음을 미리 차단할 뿐만 아니라, 상대의 부담을 낮춰 줄 수 있기 때문이다.

인간의 발달을 의존, 독립, 상호의존성의 단계로 구분하기도 한다. 4·50대는 인생에서 가장 많은 사람과 얽히는 시기이다. 인생의 편의를 위해서가 아니라 풍요로운 삶을 위해서 서로의 마음을 넉넉히 담아내는 그릇이 되면 좋겠다. 누군가에게 도움을 청할 수 있다는 것은, 진정한 독립과 깊은 성찰을 바탕으로 '상호의존성'의 단계로 진화하고 있음을 보여주는 성숙함의 증거이다. 이제 일상의 작은 일부터 용기 있게 말해 보자. "괜찮습니다" 대신 "혹시 도와주실 수 있나요?"라고.

혼자서 그러나 함께하라

　진짜 어른은 혼자서도 잘 지낼 수 있고, 타인과도 잘 지낼 수 있는 사람이다. 고독한 혼자의 시간을 잘 보낼 수 있다는 것은 타인과의 적절한 거리를 두며 건강한 관계를 만들어 갈 기초 훈련이 되었다는 말이기도 하다. 물론 이것만으로 타인과 잘 지내기에 충분하다는 것은 아니다. 타인과 함께하기 위해선 열린 마음이 필요하다. 우리는 살면서 많은 것을 경험하고, 때로 금강석처럼 확고한 깨달음을 얻기도 한다. 하지만 내가 세상과 삶에 대해 아는 것은 극히 일부이며 여전히 모르는 것이 많음을, 확실한 깨달음도 조건이 달라지면 새로운 면이 존재할 수 있음을 인정해야 한다. 이것이 '함께함'의 가능성을 열어주는 시작이다.

　이런 열린 마음의 힘을 최근 독서코칭으로 만난 두 분을 통해 경험하고 있다. 지난해 2월 말부터 11개월째 60대 여성 두 분과 1:2 독서코칭을 진행하고 있다. 오프라인 독서 코칭에선 같은 책을 한 문장 한 문장 톺아보며 깊이 있게 읽고, 책에서 길어 올린 성장의 질문들을 함께 나눈다. 온라인에서는 SNS 단체대화방을 통해 매일매일 독서 인증을 하며 양적인 면을 채워가고 있다. 정말 놀라운 것은, 추석 연휴를 제외하곤 이제까지 단 하루도 독서 인증을 빼먹은 날이 없다는 것이다. 11개월이라는 시간 동안 이런 꾸준함을 유지하기란 결코 쉬운 일이 아니다. 이제 독서코칭은 자신과 삶에 대한 성찰을 넘어, 웰빙과 성장의 아름다운 여정으로 자리하게 되었다.

이 과정에서 코치인 내게 엄청난 축복이 주어졌다. 그 첫 번째는 흔히 말하는 자기 결정권, 자율성이 얼마나 강력한 실행을 만들어내는지 확인할 수 있었다는 것이다. 자발적으로 독서하고, 자율적으로 공부하는 사람들의 눈빛이 얼마나 생생한지, 무언가에 집중할 때 뿜어져 나오는 생의 에너지와 질서가 얼마나 명료한지 느낄 수 있었다. 거기에 '나이'라는 것은 어떠한 제약도 되지 않는다.

두 번째 축복은 나이가 들어도 단짝 친구가 생길 수 있다는 것이다. 사회생활을 시작한 뒤로 "나이가 들어서 만난 사람들과는 진짜 친구가 되기는 어렵지"라는 실망 섞인 말들을 여러 차례 들었다. 물론 나도 두어 차례 해봤던 말이다. 하지만 K 님과 S 님을 보면서 60이 넘어서 만난 사이라도 학창 시절의 단짝 친구처럼 우정어린 사이가 될 수 있다는 것을 알았다. 두 분의 모습이 그 증거다. 읽고 좋았던 책은 서로 돌려보기도 하고, 독서감상문과 일기를 공유하기도 한다. 독서코칭이 있는 날엔 시간을 맞추어 도서관 투어를 다니기도 하고, 유익한 정보가 있으면 아낌없이 나눈다. 서로의 장점이나 잘하는 것에 감탄 어린 칭찬을 하고, 한쪽이 의기소침해지면 진심 어린 격려를 해준다. 그야말로 서로의 성장을 북돋우는 '독서찐친', '성장메이트'가 되어가는 모습을 지켜볼 수 있었다. 정말 큰 축복이다.

　이분들의 관계를 보면 요즘 인기 있는 '따로, 또 같이' 여행이 떠오른다. 전체 일정을 함께 해야 하는 단체여행도, 모든 걸 혼자 해야 하는 자유여행도 부담스러운 사람들이 선택하는 방식이다. 예를 들어, 차량 같은 이동수단과 가이드의 설명만 같이 하고, 나머지는 각자의 시간을 갖는다. 어쩌면 인생이라는 긴 여행에서 이 독서코칭도 그런 구간인지 모르겠다. 각자의 성장을 향해 가되, 잠시 함께 걷는 시간 말이다. 적당한 거리, 각자의 경계가 존중될 때 함께하는 시간의 질이 올라간다. 혼자의 시간을 잘 보낼 수 있어야, 같이하는 시간을 더 즐겁게 보낼 수 있다.

　K 님과 S 님, 두 분이 만들어내는 건강한 관계, 아름다운 역동은 각자의 시간을 성실하게 보내는 것에서 시작한다. 혼자만의 시간을 온전히 누릴 줄 아는 독립성이 있기에, 성장이라는 공통의 욕구를 향해 열린 마음으로 동행할 수 있는 것이다. 혼자 설 수 있는 사람만이 진정으로 함께 걸을 수 있다. 그리고 함께 걸을 수 있는 사람만이 혼자 서는 시간을 풍요롭게 누릴 수 있다. 혼자의 시간을 두려워하지 말자. 그 시간 속에서 나를 단단히 세울 때, 비로소 타인과 진정으로 함께 할 수 있다. 혼자서, 그러나 함께하라.

초록돔, 나의 에너지 충전소

자동차에 '연료 부족'을 알리는 경고등 메시지를 놓치면 어떻게 될까? 생각만 해도 아찔하다. 나에겐 '초록돔'이라 이름 붙인 에너지 충전소가 있다. 사방이 커다란 나무로 둘러싸여 있는 벤치에 앉으면 온통 시야에 초록이 꽉 들어찬다. 하늘을 뒤덮고 있는 나뭇잎과 그 사이사이 비치는 햇빛의 잔물결이 참 매혹적이다. 공기 중에 아직 산뜻함이 남아 있는 너무 이르지도, 너무 늦지도 않은 아침 8~10시 사이, 여유가 있을 때마다 회복의 공간 '초록돔'으로 간다.

내가 살고 있는 아파트 한쪽에 자리한 그곳에, 커피 한 잔과 읽고 싶은 책 한 권을 들고 앉는 순간, 이내 마음이 푹 놓이고, 호흡이 깊어진다. 외부와 접촉하면서 소진된 마음이 회복되고, 복잡한 세상 따라 산만해진 시선도 차분해진다. 이곳은 일종의 안전지대이자, 지친 몸과 마음을 추스르며, 숨을 고르는 케렌시아(Querencia, 스페인어로 투우장의 소가 마지막 일전을 앞두고 홀로 잠시 숨을 고를 수 있는 자기만의 공간)이다. 시간이 많지 않을 땐 단 10분이라도 좋다. 짧게라도 급속 충전을 한 날과 그렇지 않은 날은 확실히 다르다. 습관적으로 외부 세계의 요구에 대처하는 방식이 아니라, 내가 존재하고 싶은 방식으로, 보다 주도적인 하루를 살게 된다. 이 공간에서 일어나는 일을, 내가 코칭에 적용하고 있는 IFS 이론으로 설명하자면, '참자아(SELF 참나)' 상태로의 전환이다.

내면가족시스템 IFS(Internal Family Systems)는 리처드 슈워츠(Richard Schwartz)가 개발한 이론으로, 인간을 다양한 감정과 동기와 상호작용하는 부분들(parts)로 구성된 복합 시스템으로 본다. 여기서 '부분들(parts)'은 정신세계에서 자연스럽게 나누어진 것들로서 '소인격체'라고도 불린다. 예를 들어 몸무게를 줄이기 위해 낮 동안에는 단백질과 샐러드와 같은 채소 위주의 음식을 주로 섭취하다가 밤 8시가 넘으면 자신도 모르게 달콤한 케이크, 라면을 배부르게 먹는 일을 반복하는 A가 있다고 가정하자. A에게는 몸무게를 줄여 건강하고 자신감 있게 살고자 하는 부분(part), 정서적 허기를 먹는 것으로 달래려 하는 부분(part), "배고프면 오이나 방울토마토 같은 걸 하나 먹어", 또는 "그렇게 먹는 것 하나도 조절을 못하다니 참 한심하다."와 같이 건강하지 않은 음식 섭취를 통제하려는 부분(part) 등 여러 부분(part)의 대화가 오고 간다. 이러한 부분들은 A 내면에 있는 '소인격체'라고 할 수 있다. 각각의 부분은 나름의 관점과 신념과 감정과 기억과 동기를 가지고 있다.

내면가족체계 IFS에서는 각각의 부분들의 작용이 실제로는 해로운 결과를 가져오더라도, 부분(parts)들이 가지고 있는 긍정적인 의도를 알아주는 것이 중요하다고 말한다. 각각의 부분들은 해로운 것으로부터 A를 보호하거나, A 자신에 대해 기분 좋게 느끼도록 돕거나, 고통을 피하게 하려는 긍정적인 의도를 가지고 있기 때문이다. 낮에는 건강한 음식을 먹다가 밤이 되면 이성의 끈을 놓치는 일이 반복적으로 일어났다면 A는 자신을 비판하는 내면 비판자의 목소리에 시달려 왔을 가능성이 높다. 그런데 아이러니하게도 내면 비판자의 목소리가 커지면 커질수록 고질적인 습관을 고치기는 더 어려워진다. A가 몸무게를 줄이고 건강하고 자신감 있게 살기 위해서는 오히려, 각 부분(part)의 의도를 인정해 주고 공감해 주는 것이 더 효과적이다.

인간은 단순한 부분들(parts)의 모음이 아니라 그 이상이다. 우리에게는 성숙하고 사랑이 많으며 치유력을 가지고, 부분들(parts)을 통합하는 '참자아(Self, 참나)'라는 존재가 있다. '참자아'의 특성은 호기심(Curiosity), 창조성(Creativity), 평온함(Calm), 명료함(Clarity), 자신감(Confidence), 용기(Courage), 자비(연민)심(Compassion), 연결감(Connectedness), 이렇게 여덟 가지(8Cs)로 정리할 수 있다.

우리가 '참자아'의 상태에 있을 땐 네 가지의 모습이 자연스럽게 드러난다. 그 첫 번째는 타인과 가깝게 느끼고, 조화롭고 지지적인 방식으로 관계를 맺으려 하며 공동체에 속하고 싶은 마음이 생긴다. 두 번째는 개방적이고 수용적인 방식으로 자신과 타인에게 호기심을 갖는다. 세 번째는 자신과 다른 사람들이 고통스러워할 때 사심 없이 어떤 기분인지 관심을 가지며, 어려운 시기를 헤쳐 나갈 수 있도록 돕고 싶어 한다. 일종의 연민과 사랑이 나타나는 자비로운 마음이 된다. 네 번째 '참자아'는 침착하고 중심이 잡혀 있는 안정감이 있는 상태로, 스스로를 지지하며 관찰과 치유의 힘든 작업을 헤쳐 나가도록 돕는다. '참자아'의 존재를 인식하며 더 자주 '참자아'가 의식의 무대 중앙에 자리하도록 하는 것이 건강하지 않은 습관을 고치는 데 도움이 된다.

나의 에너지 충전소인 '초록돔'은 내면가족체계 IFS에서 말하는 '참자아' 상태가 될 수 있도록 도와준다. 에너지의 조율과 회복이 일어나게 하며, 연민의 마음과 수용적인 태도로 원하는 것에 초점을 맞추게 해준다. 4·50대는 에너지를 가성비 있게 효과적으로 사용할 뿐만 아니라, 제때 충전도 해야 한다. 무엇을 할 때 또는 어디에 있을 때, 어떤 상황에 있을 때 마음이 놓이고 잘 쉬어지는지, 언제 가장 자기다운 '참자아' 상태에 머물게 되는지 더 세심히 살펴보자. 가장 좋아하는 내 모습은 어떤 모습인지, 나만의 회복과 충전의 시·공간은 어디인지 찾아보자. 그리고 더 자주 그곳에 자신을 머물게 하자. 마치 소중한 손님을 초대하듯, 자신을 정성껏 돌보면서.

나를 위한 시간의 재구성

10대와 50대의 휴일 풍경은 얼마나 다를까? 10대 자녀는 중간고사를 앞두고 독서실에 있다. 20대 조카는 취업을 위한 자격시험 결과를 기다리며 아르바이트하고, 30대 싱글 조카는 회사 일로 바쁜 평일을 보상하듯 마라톤 대회에 참가 중이다. 또 다른 조카는 돌도 안 된 아이를 키우며 일과 육아를 병행하느라 주말에도 쉴 틈이 없다. 50대의 나는 가족을 위한 식사 준비, 집안일, 글쓰기 같은 '해야 할 일'을 하면서도, 아침 산책과 동네 카페에서 배우자와 차 한 잔, 독서, 넷플릭스 시리즈 감상 같은 '하고 싶은 일'도 함께 한다. 이렇게 나열하고 보니 지금의 생활이 꽤 만족스럽다. 하지만 이런 여유는 저절로 얻어진 것이 아니다.

돌이켜보면, 인생 1막은 자립을 위한 배움의 시기였고, 2막은 성장을 위한 채움의 시기였다. 그때는 '내 인생은 나의 것'이라고 소리높여 외쳤지만 정작 시간의 주인은 아니었다. 시간에 이끌리고 타인의 기대에 떠밀리며 분주하게 살아왔다. 그 또한 배움과 성장의 과정이었지만, 이제 와 돌아보면 안쓰럽기도 하다. 그러나 지금의 나는 다르다. 내가 선택하고, 내가 의미를 부여하는 주도적인 시간을 살고 있다.

인생 3막의 과업은 절제를 바탕으로 한 '성숙'이다. 이 시기는 삶의 방향을 근본적으로 다시 묻는 '전환의 막'이다. 스탠퍼드대학교 유전학자 마이클 스나이더(Michael P. Snyder)의 연구에 따르면, 노화는 점진적으로 이루어지지 않으며, 44세와 60세 이 두 시점에 급격히 진행된다. 몸의 변화와 함께 그동안 쌓아 온 것들이 무의미하게 느껴지고, 성취가 공허해지기도 한다. 지금까지 외부 리듬에 맞춰 살았다면, 이제는 내면의 리듬에 맞춰 시간을 재구성해야 한다. 단순한 '시간 관리'가 아니라 삶의 질서, 즉 자기 존재의 질서를 다시 세워야 하는 것이다.

'해야 하는 일'로 가득했던 시간을 '되고 싶은 나'로 채워가는 것, 그것이 바로 인생 3막의 시간 철학이다. 인생 3막을 새로운 시간 철학에 맞추어 재구성하기 위해서는 세 가지의 기준을 고려해야 한다. 첫째는 시간의 초점을 '생산'에서 '존재'로 바꾸는 것이다. 그동안 얼마나 많이, 얼마나 빨리, 얼마나 잘했는지, 성과와 성취가 삶의 기준이었다면 이제는 '나는 어떤 사람으로 존재하고 싶은가?'라는 질문이 중요하다.

자기계발서의 고전 『성공하는 사람들의 7가지 습관』의 저자 스티븐 코비(Stephen R. Covey)는 성공의 세 번째 습관으로 '소중한 것을 먼저 하라'고 말한다. 불필요한 것에 시간을 빼앗기면 정작 중요한 일에 쓸 시간이 없기 때문이다. 그렇다면 '소중한 것'이란 무엇일까? 그 답은 두 번째 습관, '끝을 생각하며 시작하라'에 있다. 즉 내가 어떤 모습으로 살고 싶은지를 먼저 그려보는 것이다.

"나는 60대에 어떤 모습이길 원하는가?" "내가 세상을 떠날 때, 사람들은 나에 대해 어떤 이야기를 하길 바라는가?" 이 질문에 대한 답을 짧게라도 글로 적어보자. 그다음, 어디에 시간을 가장 많이 쓰고 싶은지. 지금은 주로 어디에 시간을 쓰고 있는지 점검해 보라. 지난 일주일의 시간 사용을 기록해 보면, 삶의 초점이 분명해진다.

둘째는 타인 중심의 시간표에서 벗어나 자기중심을 되찾아야 한다. 일, 자녀, 사회의 기준 대신, 내 몸과 마음의 에너지 흐름, 소중한 가치에 따라 하루를 설계해야 한다. 이때 일과 쉼을 이분법적으로 구분하기보다 집중과 휴식의 시간, 관계와 혼자의 시간, 행동과 사유의 시간이 이어지는 순환 구조를 만들어 보자. 이 순환을 통해 나를 돌보는 삶의 리듬이 생겨날 수 있다.

셋째, 성숙의 시간에는 절제를 도와줄 '덜어내는' 시간이 필요하다. '해야 할 일의 목록'보다 '하지 않아도 될 목록'을 적어보자. 의미를 잃은 일, 관계, 역할을 하나씩 내려놓을 때 비로소 나의 시간이 힘을 얻는다. 비워진 시간 속에 새로운 가능성이 자리하고, 그 가능성의 공간은 되고 싶은 나의 모습으로 채워진다.

인생 3막의 시간 관리의 본질은 일정표 관리가 아니라 방향과 호흡, 균형을 정렬하는 것이다. 이것이 성숙한 삶의 기반이 되며, 다음에 살펴볼 인생 4막의 주춧돌이 된다. 시간의 흐름을 두려워하지 말자. 시간은 우리를 늙게만 하지는 않는다. 사람들의 노력을 알아봐 주는 깊은 눈을 지닐 수 있게 하며, '되고 싶은 나'로 거듭날 기회를 열어준다.

전환기의 불안을 다루는 내면 대화 'CARE'

전환이란 '다른 방향이나 상태로 바뀌거나 바꾸는 것'을 의미한다. 성인 발달과 전환을 연구한 미국의 발달·상담심리학자인 낸시 K. 슐로스버그(Nancy K. Schlossberg)에 따르면 전환은 예측할 수 있는 것(은퇴, 자녀의 독립), 예측 불가능한 것(실직, 이혼, 질병), 그리고 기대했지만 일어나지 않은 것(승진 실패, 변화하지 않는 나 자신)으로 나뉜다. 형태는 다르지만, 모든 전환기에는 혼란과 불안이 동반된다. 일의 변화, 가족 관계의 재조정, 건강의 흔들림, 지나온 삶을 되돌아보며 느끼는 허무감과 불안감은 누구에게나 올 수 있는 자연스러운 감정이다. 그러나 이 감정을 외면하거나 방치하면 삶의 활력과 자기 효능감이 약해지는 것은 필연적이다.

따라서 인생 3막의 전환기에는 의식적인 '자기돌봄(Self-care)'이 필요하다. 자기돌봄은 소중한 친구를 대하듯, 따뜻한 온기를 품고 자신과 연결하고, 자신을 존중하는 것이다. 상냥하게. 자신이 존재하고 싶은 모습으로 살 수 있도록 내면의 균형을 회복하고, 삶의 방향을 다시 세우는 과정이다. 필자가 고안한 자기돌봄 프로세스 'CARE'는 네 단계로 구성된 일종의 '마음 챙김(Mindfulness)' 훈련이다. 마음챙김이란 의도적이며, 비판단적으로 현재에 주의를 기울여 얻는 자각을 말한다.

:: 'C(Connect): 연결하기'

첫 번째 단계는 자신과 연결하기다. 단 1분이라도, 잠시 멈추어 본다. 지금 여기, 내 몸이 있는 곳에 머물며 나의 호흡과 몸에 주의를 기울여 본다. 먼저 코 속으로 들어오고 나가는 숨을 느껴본다. 그리고 내 몸의 감각은 어떤지, 차근차근 오감으로 느껴지는 것들을 살펴본다. 지금 눈에 보이는 것, 들리는 소리, 피부의 감촉 등을 살펴본다. 이처럼 '연결하기'는 판단을 내려놓고 있는 그대로 바라보는 것에 가깝다. 진정한 자신과의 연결은 불안의 근본적인 원인인 고립감을 줄이고, 효과적인 '자기돌봄'의 시작점이 된다.

:: 'A(Accept): 받아들이기'

두 번째 단계는 받아들이기다. 길어진 노년기를 준비하며 겪는 불안은 매우 자연스러운 삶의 일부이며, 피한다고 피해지는 것이 아니다. 명상지도자인 신젠 영(Shinzen Young)은 '괴로움 = 고통 × 저항'이라는 공식을 만들었다. 특정 순간에 얼마나 괴로운지는 그 고통에 얼마나 저항하느냐에 따라 달라진다. 즉 수용하고 받아들이는 것이 괴로움을 이겨낼 특효약이라고 주장한다. 괴로움에 짓눌리지 않고 오히려 그경험을 이해하도록 돕기 때문이다. "나는 지금 변화에 불안을 느끼고 있구나" "두려움을 느끼고 있구나"라고 스스로 공감하고 인정해 보자. 아무리 강렬한 감정이라도 15초를 넘기지 않는다고 한다. 물론 트라우마가 있는 경우는 예외다. '받아들이기'는 변화의 격랑 속에서도 자신을 지키는 힘을 길러주며 안정감을 가져다준다.

: : 'R(Recognize): 알아차리기'

자신과 연결하고, 내 몸과 마음에서 일어나는 일들을 있는 그대로 받아들였다면 이제 세 번째 단계인 알아차리기로 넘어가 보자. 마치 생명 유지를 위해 배고픔을 느끼는 것처럼, 우리의 느낌엔 원인이 있다. 우리가 느끼고 있는 것의 원인은 무엇인지, 정말 필요한 것은 무엇인지 깊게 성찰하고 알아보는 것이 R 단계다. 내 몸과 마음의 반응이 어디서 비롯된 것인지 아는 것만으로도 긴장감이 낮아지고, 그 자체로 치유의 효과가 있다. 또한 궁극적으로 우리가 도달하고자 하는 자기실현과 통합의 길로 나아가게 해 준다.

: : 'E(Empower): 힘 부여하기'

마지막 단계는 스스로 삶과 선택에 능동적인 힘을 부여하는 것이다. 자신과 연결하고, 주관적 현실을 있는 그대로 수용하고, 무엇이 필요한지 알아차리고 나면, 자연스레 에너지가 차오르는 것을 느낄 수 있다. 내면에 충전된 힘은 우리가 원하는 방향으로 일상을 조직하고 자기를 실현할 수 있도록 도와준다.

이 단계에선 내가 원하는 삶의 방향이 무엇인지 분명히 하고, 그것을 이룰 수 있도록 협력자와 실행시스템을 구축한다. 이때 중요한 것은 상상력을 발휘하여 내가 원하는 삶의 모습을 생생하게 떠올려 보는 것이다. 실현 가능성에 초점을 두지 말고, 아이처럼 자유롭게 상상하고, 오감으로 충분히 느껴 본다. 그리고 나서, 원하는 삶을 현실로 이루기 위한 작은 행동 계획을 세운다. 하루에 하나씩이라도 원하는 삶을 위한 선택과 실천이 쌓이면 자신감이 올라간다. Empower 단계는 전환기 불안을 극복하는 것을 넘어, 삶의 주인으로 설 수 있게 해준다.

어떤 사람이 아름다운 진주를 찾으러 평생을 헤매 다녔다. 어렵게 찾아낸 진주에 흠집이 보이자, 그 흠을 없애기 위해 밤낮 없이 진주를 닦고 또 닦았다. 결국 귀하고 값진 진주는 다 닳아 없어져 버리고 만다. 참 비극적인 이야기다. 3막의 우리에게도 삶을 살아낸 흔적이자 성장의 크고 작은 상처가 제법 나 있다. 또 전환기에 느끼고 있는 불안, 두려움은 없앨 수만 있다면 깨끗이 없애버리고 싶다. 마치 진주의 흠을 다 없애버리려 했던 사람처럼. 하지만 우리가 느끼는 불안과 두려움은 나 자신을 보호하려는 긍정적인 의도를 가지고 있으며, 인생 4막을 준비하는 안내자이기도 하다. 그 마음을 부드럽게 인정하고 따뜻하게 대하자. 그럴 때 비로소 인생 3막의 전환기는 불안과 혼란이 아니라, 자기 성장과 재발견의 기회가 된다.

자기돌봄 프로세스 'CARE-Connect, Accept, Recognize, Empower'는 자신과의 관계를 회복하고, 삶의 주체로 서는 힘을 길러주는 과정이다. 매일 조금씩, 나와 연결하고, 받아들이고, 알아차리고, 힘을 부여하는 습관을 쌓는다면 어느샌가 꿈꾸었던 모습에 가까워져 있을 것이다. 전환기의 불안마저도 세상에 하나뿐인 '성숙의 작품'을 빚어내는 귀한 재료가 될 것이다. 3막의 인생 전환기를 보내고 있는 나를 다정하게 돌보고 아낌없이 사랑하자.

참고문헌

- 김난도 외, 『트렌드 코리아 2025』, 미래의 창, 2024.

- 김붕년, 『아이의 뇌』, 포레스트북스, 2024.

- 김주환, 『내면소통』, 인플루엔셜, 2023.

- 류은경, 『완전소화』, 다산라이프, 2024.

- 리처드 C. 슈워츠, 『나쁜 마음은 없다』, 온마음, 2023.

- 마셜 B. 로젠버그, 『비폭력대화』, 한국NVC출판사, 2024.

- 샤우나 샤피로, 『마음챙김』, 안드로메디안, 2021.

- 세라 페이턴, 『공명하는 자아』, 한국NVC출판사, 2024.

- 스티븐 코비, 『성공하는 사람들의 7가지 습관』, 김영사, 2023.

- 앤서니 T. 디베네뎃, 『유쾌함의 기술』, 다산초당, 2020.

- 이근후, 『백 살까지 유쾌하게 나이 드는 법』, 메이븐, 2024.

- 쟈 깔룽 린포체, 『쉬는 마음』, 담앤북스, 2025.

- 제이 얼리, 『참자아가 이끄는 소인격체 클리닉』, 시그마프레스, 2014.

- 찰리 맥커시, 『소년과 두더지와 여우와 말』, 상상의힘, 2020.

Act 4.

충만의 미학
Fulfilling

삶을 완성해 가는 아름다움

– 윤수영

내면(In)과 우리(Us)를 함께 성장시키는 이너스 그로스코치(In–Us Growth Coach)
이자 코칭 선교사이다. '코칭코리아(K–coaching)'와 '에버코칭연구소' 대표로 활동
하며, "에버코치(Evercoach)"의 비전을 바탕으로 누구든지(Whoever), 무엇이든지
(Whatever) 코칭을 통해 피코치들이 빛나도록 돕고 있다. 전문자격(KPC/MCM/
Ph.D.)을 바탕으로 코칭을 개인 성장의 도구를 넘어 사회적 가치 확산의 실천으로
확장하고 있으며, 사회공헌, 선교사 및 공익 코칭 활동, 코칭 장학생 후원 등을 통
해 '지속가능한 코치다움·코칭다움'을 구현하고 있다. 학문적 영역에서도 깊이를 더
해 『진로교육에서의 커리어코칭 활용방안에 관한 연구』(2015)로 박사학위를 취득하
였고, 캐나다 크리스천 칼리지와 미주 장신대학교에서 대학원 코칭학과 겸임교수를
역임하였다.
현재는 경남정보대학교에서 글로벌 리더십과 예배부모교육을 강의하며, 나드림
학교/칼리지에서 다음 세대를 양성하면서 학문적·실천적 기반을 동시에 다지고
있다. 저서로는 『대한민국 전문코치 백인백서』, 『탁코치의 질문의 기술』, 『코칭선
교사』, 『버디코칭스쿨』, 『킹덤코칭스쿨』, 『버디코칭워크북』, 『알록달록 색칠성경
1·2』, 『청소년 죽음이해교육』 등이 있으며, 이를 통해 코칭을 신앙·교육·사회적
실천의 장으로 확장하는 데 기여하고 있다.

뜻대로 되지 않음의 멋짐

젊은 날엔 인생이 길다고 생각했다. 내가 선택한 길 위에 결과가 따라오고, 노력은 반드시 열매로 돌아올 것이라 믿었다. 열심히 공부하면 원하는 대학에 갈 수 있고, 성실하게 일하면 경력이 쌓이며, 가정은 내가 그리는 이상대로 흘러갈 것이라 믿었다.

그런데 살아보니 인생은 사막과 같았다. 의욕이 넘치던 시절에도 길을 잃은 적이 있었고, 애써 이룬 것들이 하루아침에 무너진 날도 있었다. 아무리 바라보아도 끝이 보이지 않는 고요하고 텅 빈 날들이 이어지기도 했다. 중년에 들어선 지금 삶은 그 어떤 시절보다도 뜻대로 되지 않았다. 예상치 못한 방향으로 흘러간 일들과 더불어 몸마저 더 이상 젊은 날의 나처럼 말을 듣지 않는다. 과거의 나라면 이런 '불확실성'을 실패라 여겼을지도 모른다. 하지만 이제는 '내 뜻대로 되지 않음'이야말로 삶이 주는 가장 큰 선물이라는 새로운 깨달음을 얻었다.

왜 뜻대로 되지 않는 게 멋진 일일까? 왜 실패와 좌절이, 외로움과 눈물이 '축복'일 수 있을까? 그것은 내 뜻대로 되지 않았기에 나는 멈추었다. 멈추었기에 무작정 달리기만 했다면 보지 못했을 풍경과 지나쳤을 사람들 그리고 놓쳤을 나 자신을 바라볼 수 있었다. 내가 계획하지 않았기에 만난 사람들이었다. 내가 선택하지 않았기에 열린 길들이었고 내가 예상하지 못했기에 더 아름다웠던 순간들이었다. 계획했던 것이 틀어졌기에 다시 나를 돌아볼 수 있었고 다시 삶을 사랑할 수 있었다.

인생의 사막은 결핍의 시간인 동시에 정화의 시간이었다. 불필요한 욕심들이 모래바람에 깎여 나갔다. 얇은 자존심은 태양 아래 사라졌다. 그리고 마침내, 삶은 계획대로 이루어지는 목표가 아니라, 예기치 않은 길을 받아들이는 태도에서 피어나는 이야기라는 것을 알게 되었다. 뜻대로 되지 않는 날들 속에서 더 너그러워지고, 더 지혜로워지며, 때로는 더 많이 웃게 되는 여유를 배웠다.

삶을 완성해 나가는 아름다운 중년의 시기에서 그동안의 '뜻대로 되지 않았던 모든 것들'에 고개를 숙인다. 그 모든 어긋남이 지금의 나를 만들었다. 그 모든 실패가 내 마음을 단단하면서도 부드럽게 빚어주었다. '실패해도 괜찮아'라는 위로가 아니라 '실패를 통해서만 만날 수 있는 삶이 있다.'는 깨달음을 얻었다. 어쩌면 죽음조차 '내 뜻'은 아니지만 그 자체로 또 하나의 아름다운 마침표일지도 모른다.

아름다운 마침표를 잘 찍기 위해 남김 없이 살고 남김 없이 나누는 시간으로, 나와의 화해하는 시간으로, 안전한 지대에서 벗어나 가르침이 아닌 함께하는 지혜의 나눔으로, 고백이 아닌 감사로 인생을 회고하는 시간으로 인생의 사막을 정리하고자 한다.

남김 없이 살고, 남김 없이 나누는 시간

"나는 죽을 때, 내가 살아있었다는 사실을 후회하지 않기 위해
살고 싶다."

— 헨리 데이비드 소로(Henry D. Thoreau)

"죽음은 시든 꽃이 아니라 다음 계절을 준비하는 씨앗이다." 이어령
교수의 암 투병 중에 한 말이 울림을 준다. 삶과 죽음의 경계에 있었지
만 그 시간을 절망이나 두려움으로 채우지 않았다. 마지막까지도 배움
과 깨달음을 나누어 주었다. 시든 꽃처럼 보이지만 그 안에는 다음 생
명을 품은 씨앗이 있다. 그의 말처럼, 내가 죽음을 어떻게 준비하느냐
가 살아있는 이들에게 남기는 마지막 지혜가 될 수 있다. 그러니 죽음
은 소멸이 아니라 전환이다.

우리가 지나온 길을 되돌아보는 중년의 시기에 우리가 자주 하는
질문은 '나는 충분히 살았는가?', '나는 내 것을 나눌 준비가 되었는가?'
이다. 그러려면 '무엇을 남길 것인가'가 아닌 '무엇을 남기지 않을 것인가'
에 더 관심을 가져야 한다. 재산, 업적, 명예 같은 흔적들보다도 후회,
미련, 상처를 남기지 않고 가는 일이 더 중요하기 때문이다. 남김 없는
삶이란 매일을 다 살고, 나 자신을 다 쓰며, 기꺼이 나누는 삶이다.

"오늘도 나는 내 삶을 다 살았다." 이 문장은 단순한 일기가 아니라 하루하루를 완성해 가는 선언문이어야 한다. 우리는 흔히 내일을 기약하며 오늘을 대충 산다. 하지만 내일이 반드시 오는 법은 없다. 삶의 마지막 막에서 우리가 원하는 것은 결국 '후회 없는 하루'들의 합이다.

수학에서 선(line)의 정의는 수많은 점들의 집합이다. E. H. 카(E. H. Carr)의 『역사란 무엇인가』에서 역사란 수많은 사건들의 연속이라고 했다. 매일매일의 살아가는 하루하루의 합이 나의 삶의 흔적이고 스토리가 되고 역사가 된다. 매일의 삶 속에서 일어나는 크고 작은 일상의 일들이 점처럼 이어져서 그 점들의 연결선이 나의 삶을 만들어 간다. 그 삶에 우리는 무엇을 남길 것인가?

한 노신사는 자신의 장례식을 직접 준비하였다. 손자에게 편지를 쓰고, 고마운 사람들에게 감사 메시지를 보냈다. 자신이 자주 가던 동네 공원에 벤치를 기부했다. 그는 "이제는 미련이 없습니다. 나는 다 살았거든요."라고 말했다. 노신사의 고백에서 알 수 있듯이 남김없이 산다는 것은 '하고 싶은 일을 다 했다.'는 의미가 아니다. 오히려 해야 할 말, 전하고 싶은 감정, 나눠야 할 사랑을 그때그때 했다는 뜻이다. 감정을 미루지 않고 관계를 방치하지 않으며 순간을 살아냈다면 그것으로 충분하다.

삶을 매듭짓는 방식 중 하나는 자신을 말하는 것이다. 자신의 감정을 되돌아보고 정리하며 진심을 남기는 것 그 과정이 바로 완성을 향한 여정이다. 자신의 이야기를 자주 꺼내는 사람일수록 덜 후회하며 죽는다는 연구도 있다. 흔히 나눔을 '경제적 기여'로 오해한다. 물론 경제적 나눔도 중요하다. 그렇지만 삶을 완성해 가는 시점에서 더 중요한 것은 마음의 나눔이다. 한 번뿐인 소중한 시간을 나누고, 삶의 이야기를 나누며, 눈빛을 나누는 것이야말로 더 깊은 유산이 된다.

한 퇴직 교사는 동네 아이들을 위해 주말마다 '이야기 마당'을 열었다. 동화책을 읽어주고, 자신의 젊은 시절을 들려주었다. 처음엔 아이들이 몇 명 없었지만 점점 어른들도 함께 모여들었다. 나눔은 돈이 아닌 존재로도 가능하다는 것을 증명한 사례였다.

가족 간에도 나눔은 더디게 일어나는 법이다. 물려줄 유산보다 나눌 수 있는 '이야기' 하나가 더 귀중한 법이다. 가족 간에 삶을 나누고, 부모님의 이야기와 선조들의 이야기를 들려주자. 삶의 여정에 있었던 좌절, 선택, 후회, 사랑… 이 모든 것이 누군가에겐 길잡이가 된다. 나누는 방식은 다양하다.

삶의 완성은 많이 가지는 데서 오는 것이 아니다. 오히려 다 쓰고 나면, 그 자리에 진짜 채움이 찾아온다. 그것은 평온이고, 감사이며, 연결이다. 흥미롭게도 삶을 가장 온전히 채우는 순간은 '비워진 순간'과 겹친다. 이것을 채워짐의 역설이라 할 수 있다. 우리가 가장 행복해질 때는 역설적으로 누군가에게 가장 많이 나누었을 때이다. 고독한 만찬보다는 따뜻한 나눔의 식사가 우리를 충만하게 한다. 채움은 내부에서 생기는 것이 아니라 관계 안에서 발생한다.

누군가의 인생에 끼친 긍정적인 영향은 세월이 지나도 사라지지 않는다. 돈과 명예는 사라져도 당신이 남긴 말 한마디, 행동 하나는 그 사람의 삶에 평생 남는다. 결국 남김 없는 삶은 누군가에게 더 큰 흔적을 남긴다.

어느 날 길을 가다 오랜만에 지인을 만났다. 그는 지난날 내가 베풀었던 친절을 이야기하며 그 친절 덕분에 자신의 삶이 달라졌다고 고백하며 감사의 표현을 했다. 가물가물한 기억을 더듬어 보면 그가 도움을 요청했을 때 시간과 공간을 내어주고 그의 가려움을 긁어주었을 뿐이다. 그의 SOS에 유일하게 반응한 저자의 아낌없는 나눔으로(지인의 표현이다) 강사로서 제2의 인생을 살게 되었다는 고백은 감동 그 자체였다. 부지중에 행해지는 언행이 듣는 이에게는 살리는 언행이 되기를 마음에 품고 살았는데 실천적 삶이 열매로 나타나는 순간이었다.

이제는 '나는 무엇을 남기고 싶은가'보다 '나는 무엇을 남기지 않기로 선택할 것인가'를 생각해 보자. 미움, 상처, 후회, 원망 같은 감정은 후대에 전이되기 쉽다. 그 악순환의 고리를 끊는 선택 그것이 완성의 지점이다. 용서하지 못한 감정을 풀고 떠난 이의 이야기는 언제나 아프다. 반면 화해하고, 감사하고, 미소 지으며 마지막을 준비한 사람의 이야기는 들을 때마다 따뜻하다. 삶을 완성해 간다는 것은 관계를 정리하고, 감정을 정돈하며, 감사를 전하는 과정이다. 이것이 나를 남기지 않는다는 것의 의미이다.

'남김 없는 삶'이란, 단절이 아닌 이어짐이다. 나를 다 써서 내보냈을 때 누군가가 그 길을 따라올 수 있도록 길을 비워주는 것이다. 때로는 침묵과 자리를 내어주는 것도 위대한 나눔이 된다. 남김 없는 삶은 결국 계속해서 이어진다. 우리가 남긴 말과 행동 그리고 나눔과 사랑은 다른 이의 삶에서 새로운 파동을 만든다. 당신이 오늘 웃으며 건넨 한마디가 누군가에게는 용기가 되고, 당신이 기록한 한 줄이 누군가에겐 방향이 된다.

나의 삶이 누군가의 다리가 된다면, 그것은 참으로 충만한 결말이다. 남김 없이 살고, 남김 없이 나누는 삶은 내 이름을 남기기보다 '삶의 온기'를 남기는 것이다. 그것이 우리가 이 마지막 막에서 바라는 진짜 완성이다. 그것은 나이 듦이 시든 꽃이 아니라 다음 계절을 준비하는 씨앗인 것이다. 다음의 계절에 필 꽃들과 열매들이며 그것은 오늘의 나의 삶이 주는 충만함이다.

그러니 오늘도 묻자. "나는 오늘 나를 다 살았는가?"

실천적 코칭 TIP **하루를 남김없이 살도록 도와주는 나침반**

셀프코칭: '하루를 다 살았다' 체크리스트

- ☑ 오늘 내가 기뻐한 순간은 언제였는가?
- ☑ 오늘 내가 고마움을 표현한 사람은 누구인가?
- ☑ 오늘 내가 나눈 이야기는 어떤 것이었는가?
- ☑ 오늘 내가 미룬 감정은 없는가?
- ☑ 오늘 내 삶을 100% 살아냈는가?

:: 내 삶을 축복하는 편지 쓰기

나에게 혹은 배우자나 자녀에게도 좋다. 한때 미워했던 누군가에게도 이런 편지를 쓰는 일은 삶의 미련을 덜어내고 진정한 나눔을 완성하게 한다.

나와 화해하기

자신의 가치는 다른 누군가가 아닌, 바로 자신이 정하는
것이다.

— 엘리너 루스벨트(Anna Eleanor Roosevelt)

인생의 선배들을 보면 인생의 마지막 구간에서 후회를 하는 모습을
엿보게 된다. 그러나 그 후회는 대부분 남과의 일보다는 '자신과의 관
계'에서 비롯되는 것이 많다. 나는 나를 이해하지 못했을 뿐만 아니라
받아들이지 못했으며, 심지어 미워하며 살았다는 깨달음 때문이다. 그
래서 삶의 마지막 막에서 꼭 필요한 여정은 '나와의 화해'라는 사실을
인생의 사막을 걷는 자들에게 말해주고 싶다. 실패와 실수, 좌절의 나
를 끌어안지 않고서는 진정한 삶의 완성은 없기 때문이다. '나와의 화
해'는 인생의 마지막 막에서 가장 어렵지만 가장 필수적인 여정이기도
하다. 내 안의 나와 화해하며 삶을 완성해 가는 여정은 용서와 수용,
기억과 화해의 시간을 통해 우리가 남은 삶을 더 깊이 있고 단단하게
만들기 때문이다.

중장년기에 들어서면서 많은 이가 맞닥뜨리는 질문이 있다. '나는 나를 용서할 수 있는가?'라는 물음이다. 자기 비난과 후회가 삶을 지배하면 남은 생애에서 찾을 수 있는 평온과 연결은 멀어지게 된다. 삶의 연륜을 통해 배운 것은 자기 용서는 단순한 감정 치유가 아니라 정신적 성숙의 출발점이라는 것이다. 후회도 실패도 다른 눈으로 보면 모두 배움의 과정이었다. 살아내기 위해 치른 대가로 경력이 되고 전환점이 될 수 있다. 시간으로, 물질로, 능력으로, 육체적으로 대가를 지불하면서 살아왔다.

그렇기에 우리는 과거의 나에게 이렇게 말해줄 수 있어야 한다. "괜찮아, 나는 그럴 수 있었어.", "괜찮아, 나는 그때 최선을 다했어."라고 말해주자. 연구에 따르면 자기 자신에 대한 용서는 삶의 전반적 행복도와 스트레스 감소에 큰 영향을 준다. 즉, 화해는 감정 치유뿐 아니라 정신적 성숙을 위한 출발점인 것이다.

코칭을 하며 60이 넘어 처음으로 자신의 트라우마를 꺼낸 한 분을 만난 적이 있다. 평생 강해야 했던 분이었는데 어린 시절 눌러왔던 감정들을 꺼내며 눈물을 흘리며 말했다. "이제야 나를 안아주는 기분이에요." 그 고백은 단순한 울음이 아니었다. 자기 용서와 자기 화해의 시작이었다. 우리 역시 자신을 알아가고 받아들이는 시간을 통해 자기 신뢰를 회복해야 한다. 그것이 남은 삶을 더 단단하게 만든다.

나는 누구였고, 지금의 나는 누구인가를 알아가는 시간을 통해 자기 용서의 시간은 내가 나를 다시 신뢰할 수 있게 만든다. 하지만 자기 비난은 쉽게 사라지지 않는다. "그때 왜 그랬을까", "조금만 더 잘했더라면" 하는 마음은 끈질기게 따라붙는다. 그러나 과거의 나에 대한 자책과 후회는 현재의 행복을 잠식할 뿐이다.

그래서 인생 후배들에게 과거의 자신에게 편지를 써보라고 권하고 싶다. 편지를 통해서 자기 성찰의 시간을 가질 수 있다. 10대의 나, 30대의 나, 혹은 가장 힘들었던 시기의 나에게 편지를 써보면 정서적 분리와 동시에 공감과 위로를 가능케 한다. 즉, 글 속에서 그때의 나를 바라보면 비로소 '그때의 나'도 '나'였음을 받아들일 수 있다.

그럴 땐 '그때의 나'가 가진 조건과 시야를 인정해 줘야 한다. 자기 용서는 자기 행동에 대한 책임을 인정하는 것에서 시작된다. 지금의 내가 보기엔 미숙해도 그 당시 나는 나름대로 최선을 다했다. 미숙했던 행동에 책임을 인정하고, 그 당시의 나 또한 최선을 다했음을 인정하는 것 그것이 진짜 강함이다. 후회보다는 반성이, 자책보다는 성찰이 어울리는 이유이다. 자기 용서는 나약함이 아니다. 삶을 안고 가는 강함이다. 그러니 후회보다는 반성이 더 어울릴 것이다.

자기 용서 과정에서 실수 인정하기, 그 실수로 인한 죄책감 내려놓기, 자기 수용하기 이 세 단계가 필수적이다. 나는 실수의 목록을 적고, 그 아래에 이렇게 써 내려갔다. "나는 나를 용서한다." 작은 문장이었지만 그 문장은 내 안의 비난을 조금씩 무너뜨렸다. 많은 인생의 후배들에게도 권하고 싶다. 자신과의 대화를 "나는 왜 이 모양일까?" 대신 "오늘도 최선을 다했어."라고 바꾸어 보자. 내면의 언어를 바꾸는 순간 내면 언어의 변화는 자신감 회복의 시발점이 된다. 자존감이 회복되기 시작하는 순간이다.

한 코칭 고객은 자녀 앞에서 과거의 무관심을 고백하며 "그때는 잘 몰랐어, 미안해."라며 눈물을 흘렸다. 이는 효과적인 자기 용서의 시작이었고 이후 자존감이 회복되었다. 우리는 한 번도 살아보지 않은 오늘을 살아간다. 우리 모두에겐 오늘이 처음이다. 처음이라 익숙하지 않다. 실수할 수도 있고 틀릴 수도 있다. 그러나 그 순간 나는 최선을 다한 것이다.

그럼에도 아쉬움이 남는 것은 그때의 '나'보다 지금의 '나'가 더 성장했기 때문이고, 더 좋은 것을 주지 못한 아쉬움이 있기 때문이다. 후회보다는 반성으로 더 나은 성장의 길을, 성찰의 길을 나아가고 있는 것이다. 화해의 마지막 단계는 '있는 그대로의 나'를 드러내며 살아가는 용기다. 이제는 남의 시선을 위한 삶이 아니라 진짜 나로서 존재하는 삶을 택해야 한다. 나를 꾸미지 않아도 사랑받을 수 있다는 경험이야말로 회복의 결정판이다.

나와 화해한다는 것은 과거의 나를 끌어안고, 현재의 나를 인정하며, 미래의 나에게 미소를 지어주는 일이다. 이 화해는 혼자만의 작업 같지만 결국 다른 이들과의 관계에도 새로운 빛을 준다. 그러니 인생의 사막을 걷는 이들에게 이렇게 말하고 싶다. 지금이라도 늦지 않다. 거울 앞에서 나 자신에게 이렇게 말해 보라.

"괜찮아, 너는 정말 잘 살아왔어. 이제부터는 더 나답게 살아가자."

그 말이 바로 나와의 화해의 시작이고, 삶의 완성을 향한 첫 걸음이다.

실천적 코칭 TIP

☑ Act 1. 자신에게 이름을 붙여 대화하기

"○○아, 오늘도 수고했어.", "○○아, 오늘도 넌 최선을 다했어."

☑ Act 2. 거울 앞에서 자기 연민 문장 연습하기

"나는 나를 존중한다. 나는 충분히 괜찮은 사람이다."

"괜찮아, 나는 정말 잘 살아 왔어. 이제부터는 더 나답게 살아가자."

☑ Act 3. 자기 전 감사 한 줄 일기 쓰기

"오늘 하루 수고한 나에게 고맙다."

안전한 지대에서 벗어나기

"삶은 당신의 안전지대 끝에서 시작된다."

― 닐 도널드 월쉬(Neale Donald Walsch, 미국의 영성작가, 강연가)

중년은 하루아침에 찾아오지 않는다. 나이를 먹는다는 것은 단순히 생물학적 시간이 흐르는 것이 아니라 자기 안에 내재된 질문이 점점 더 뚜렷해지는 과정이기도 하다. 어느 순간 우리는 이대로 괜찮은가, 젊은 시절 그렇게 애타게 원하던 안정은 이미 손에 들어왔지만 그 안정 속에서 나의 호기심과 열정도 함께 잠들어 버린 건 아닐까 하는 생각이 들때가 있다. 그것이 바로 안전지대의 본질이다. 외적으로는 안정된 듯 보이지만 내적으로는 정체되고 고립된 느낌이 지속된다.

중년은 인생의 오후다. 중년의 시간은 마치 따뜻한 온천수에 몸을 담그고 있는 것처럼 포근하고 안온하다. 익숙한 일상과 반복되는 루틴 그리고 안정적인 직장과 사회적 역할은 우리에게 안전함이라는 가상의 울타리를 제공한다. 중년의 안전지대는 젊은 날의 치열한 경쟁 끝에 얻은 직업적 안정, 자녀 양육의 완수, 가정과 사회에서의 역할로 형성된다. 그러나 이 모든 안정은 새로운 도전을 가로막는 울타리가 되기도 한다. 안정은 소중하지만 지나치면 정체와 공허를 낳는다. "나는 이제 무엇을 위해 사는가?"라는 질문 앞에서 많은 중년이 혼란을 경험한다.

우리는 그 안에서 오랜 시간 살아왔다. 많은 것을 이뤘고 또 많은 것을 잃었다. 이제는 익숙한 것이 주는 편안함 속에 안주하고 싶은 유혹이 커진다. 직장에서, 가정에서, 사회적 관계에서 우리는 이미 자리를 잡았다. 안정이라는 감옥 속에서 무사히 하루하루를 넘기는 데 익숙해져 버렸다. 그러나 이 따뜻함은 때때로 성장을 멈추게 하는 족쇄가 된다. 한 발자국 바깥으로 나가는 것만으로도 우리는 긴장하고, 두려워하며, 때로는 회피한다.

안전지대란 무엇인가? 그것은 물리적 공간이기보다는 심리적 습관의 영역이다. 안전지대 안에서는 실수를 하지 않는다. 그러나 동시에 새로운 것도 배우지 않는다. 실패의 위험은 줄어들지만, 성장의 가능성도 함께 봉인된다. 우리는 왜 안전지대에 머무르려 하고, 그것을 떠날 때 무엇을 잃고 또 무엇을 얻게 될까? 이러한 질문을 따라가다 보면 익숙함을 넘어 새로운 자아를 마주하는 여정을 탐색하게 된다. 변화의 두려움과 실패에 대한 공포, 그리고 새로운 가능성으로 나아가는 용기를 통해 우리가 '안전한 지대'라 부르는 그 공간에서 어떻게 벗어날 수 있는지, 그리고 왜 벗어나야만 하는지를 이야기해 보자.

뇌과학에 따르면, 인간의 뇌는 에너지를 절약하기 위해 반복되는 행동을 선호한다고 한다. 매일 아침 같은 시간에 일어나 같은 자리에 앉아 커피를 마시는 루틴은 뇌에 안정을 준다. 심리학자들은 이를 '인지적 절약(cognitive economy)'이라 부른다. 우리의 뇌는 새로운 것을 학습할 때 많은 에너지를 소모하기 때문에 가능한 기존의 틀 안에서 반복하려는 성향이 있다. 뇌는 새로운 학습보다 익숙한 루틴을 따를 때 스트레스를 덜 받는다고 말한다.

우리는 익숙함을 사랑한다. 매일 아침 같은 시간에 일어나 같은 방향으로 출근하고, 같은 종류의 아침을 먹는 일상이 때로는 평화를 준다. 하지만 이런 반복이 오래될수록 뇌는 더 이상 새로운 자극을 원하지 않게 된다. 이는 창의성과 적응력을 감소시키고, 삶에 대한 만족도 역시 떨어뜨릴 수 있다. 그 평화는 성장의 속도를 늦춘다. 반복은 무뎌짐을 낳고, 무뎌짐은 결국 삶의 활력을 갉아먹는다. 익숙함의 덫에 갇히는 것이다. 익숙함은 안전이라는 이름의 족쇄가 될 수 있다.

코칭을 통해 만난 50대 남성은 30년간 근무하던 직장을 정년퇴직하자 하루아침에 정체성을 잃었다. "나는 회사원일 뿐이었지 진짜 나는 아니었다는 걸 알았어요." 그는 안정된 직장이 주던 안전지대 안에서 살았지만, 스스로를 탐색하고 확장하는 기회를 놓쳐버렸다. 어제까지 출근이라는 일상에서 오늘은 전혀 다른 시간을 보내야 한다. 두려움과 불안이 몰려온다. 그러나 그 두려움은 약함이 아니라, 변화의 신호이다.

신경과학에서 뇌가 변화나 미지의 상황을 위협으로 간주한다는 사실을 밝혔다. 편도체는 생존을 위해 위험 감지를 우선시하는데, 새로운 환경이나 도전은 이 편도체를 자극해 불안과 두려움을 유발한다. 이것이 변화가 두려운 이유이다. 인간은 본능적으로 위험을 회피하려는 성향이 있다. 뇌의 편도체는 위험을 감지하면 자동으로 경고신호를 보낸다. 이 경고는 생존을 위해 필요하지만 새로운 도전을 할 때조차 뇌는 이를 위협으로 간주할 수 있다. 그래서 새로운 일을 시작하려 하면 막연한 불안감이 몰려오는 것이다. 변화는 뇌에게는 미지의 공간이고, 뇌는 그 공간을 통제 불가능한 영역으로 인식하게 된다.

심리학에서 스트레스와 수행 사이의 관계를 설명하면서, 적정 수준의 불안은 성과를 높이지만 지나친 불안은 오히려 기능을 저하시킨다고 했다. 우리는 종종 이 불안의 역치를 넘지 않기 위해 변화 자체를 회피한다. 그러나 불안을 느끼는 것은 변화가 잘못되었기 때문이 아니라 우리 뇌가 본능적으로 위험을 감지했기 때문이다.

문제는 대부분의 사람들이 변화 그 자체보다 변화로 인해 발생할 수 있는 '실패'를 두려워한다는 점이다. 그러나 실제로 많은 실패는 돌이킬 수 없는 파멸이 아니라 '학습의 재료'가 된다. 실패를 통제 가능한 실험으로 받아들일 수 있다면 두려움은 더 이상 장애물이 아니다.

평생 주부로 살아오다 자녀들이 모두 독립한 후, 허무감과 정체감의 혼란을 느낀 50대 여성이 코칭을 받으러 왔다. 그녀는 대학원 진학을 결심했지만 입학원서를 쓰는 데만 두 달이 걸렸다. "내가 아직도 뭔가를 배울 수 있을까요?", "너무 늦은 게 아닐까요?", "나 같은 사람도 가능할까요?" 수많은 질문과 의심이 그녀를 지배했다. 그러나 일단 첫 학기를 시작하자 그녀는 늦은 배움 속에서 삶의 생기를 느꼈다. 변화는 두려웠지만, 그 두려움을 넘어서자 완전히 새로운 세상이 그녀 앞에 펼쳐졌다. "두려움은 실제보다 더 거대하게 느껴졌어요. 그런데 막상 시작하니 그 두려움보다는 새로운 세계를 만난 기쁨이 더 커졌어요."라며 안전지대에만 머물지 않고 새로운 도약을 한 자신에게 감사했다. 이후 그녀는 주부에서 강사로 활동을 하며 인정받고 존경받는 아내, 엄마, 할머니로서 인생의 제2막을 멋지게 살고 있다.

심리학자 칼 융(Carl Jung)은 "40대 이후 인간은 새로운 자아로 향하는 내면의 여정을 시작하게 된다"고 말했다. 이 여정의 시작은 대개 불편함과 함께 온다. 안정의 울타리를 넘는 것은 두려움을 동반하지만, 그 불편함은 변화를 촉구하는 신호다. 중년이 안전지대를 벗어나야 하는 이유는 단순히 '새로운 경험'을 하기 위함이 아니다. 그것은 삶의 후반전을 주도적으로 살기 위한 필수 조건이다. 퇴직 후를 준비하기 위해, 건강과 관계의 의미를 재정립하기 위해 그리고 '나'라는 존재를 다시 정의하기 위해서다.

변화는 거대한 도약이 아닌 작은 걸음에서 시작된다. 오히려 작은 변화가 지속적인 행동으로 연결될 때 비로소 삶을 바꾼다. 매일 다른 길로 산책을 하거나, 새로운 사람과 대화해 보는 것만으로도 뇌는 새로운 자극을 받는다. 평소에 듣지 않던 장르의 음악을 들어본다거나 하루에 15분은 하고 싶지만 미뤄왔던 일을 해보는 이러한 작은 행동은 뇌에 새로운 신경 경로를 만든다. 그것은 곧 변화에 대한 내성을 키우고, 자신에 대한 믿음을 형성하는 씨앗이 된다.

안전지대는 종종 정체성을 고정시키는 역할을 한다. 우리는 특정한 역할, 직책, 관계에 너무 익숙해져 그것이 곧 '나'라고 착각하게 된다. 안전지대에 오래 머물다 보면 안전지대에서 나오려 하지 않는다. 그것이 세상의 전부라고 생각한다. 정해진 규칙과 틀을 깨뜨리려 하지 않는다. 그러나 삶은 고정된 것이 아니라, 유기적으로 변화하는 존재다. 안전지대를 벗어나 새로운 영역에 도전할 때, 우리는 새로운 자신을 발견할 수 있다. 그러므로 고정된 정체성을 벗어나 정체성을 다시 세우는 용기가 필요하다. 정체성을 다시 세운다는 것은 과거의 나를 부정하는 것이 아니라, '더 넓은 나'를 수용하는 과정이다.

직장을 은퇴한 뒤 글쓰기에 몰두하게 된 지인은 이전에는 상상하지 못했던 자신을 만나게 되었다. 자신을 "직장인이 아닌 글 쓰는 사람"으로 다시 정의했다. 그는 매일 새벽 다섯 시에 일어나 글을 쓰고, 지역 문학회에 참여하며, 삶의 의미를 새롭게 느꼈다. "글을 쓰면서 나는 다시 살아났습니다. 나는 글을 쓰면서, 내가 누구인지 다시 정의할 수 있었어요. 직장인도 아니고 아버지도 아닌 그냥 '나'라는 존재로 살아보는 것이 이렇게 해방감을 줄 줄 몰랐어요."라고 그는 말했다. 안전지대를 떠나는 행위는 때로 새로운 정체성을 탄생시키는 마법이 되기도 한다.

안전지대를 벗어나기 위한 완벽한 때는 없다. 자신을 보호하기 위해서 실패를 두려워하여 만든 기준과 행동들이 오히려 실패와 도태로 이끌 수도 있다. 실제의 삶은 안전지대 밖에서 시작된다. 행복하고 건강한 삶을 살기 위해서는 안전지대에서 벗어나야 한다. 인생 4막의 여정 가운데 얻은 안전지대에서 용기를 내어 새로운 길을 만들어 보자. 길은 만들어 가는 것이다. 한 번도 살아보지 않은 새 날을 살아가는 용기로 자신의 오늘에 새로움으로 채워보자. 실패를 두려워하지 말자. 변화의 길목에는 종종 실패가 있을 수 있으나 실패는 멈춤이 아니라 방향을 수정하는 신호일 수 있다.

● 안전지대를 벗어나려는 중년에게 유용한 코칭 질문

☑ 지금 내 삶에서 가장 익숙하지만 더 이상 설레지 않는 것은 무엇입니까?

☑ 만약 실패가 두렵지 않다면 지금 당장 시도해 보고 싶은 것은 무엇입니까?

☑ 내가 지금까지의 삶에서 잃어버린 '나만의 열정'은 무엇입니까?

☑ 은퇴 후에도 계속 이어가고 싶은 나의 정체성은 무엇입니까?

● 안전지대를 벗어나려는 중년에게 유용한 코칭 질문

☑ 새로운 사람과 정기적으로 만나기(예: 독서 모임, 봉사 모임 참여)

☑ 낯선 사람에게 먼저 인사하기 또는 대화 시도하기

☑ 매주 한 번, 전혀 다른 일상 경험하기(예: 새로운 동네 산책, 새로운 음식 시도)

☑ 매달 한 번, 자신이 두려워했던 일을 작게 실천하기

☑ 인생 4막에서 하고 싶은 리스트 10가지를 작성하고, 작은 것부터 실행하기

☑ 나만의 정체성 선언문 작성하기(나는 어떤 사람인가?)

☑ 정기적으로 '내 삶의 안전지대' 점검표 작성하기

지혜의 나눔: 가르침이 아닌 함께하기

> "삶의 의미는 자신의 재능을 찾는 데 있고, 삶의 목적은 그것을 나누는 데 있다."
>
> — 파블로 피카소

:: 중년, 지혜의 계절

인생의 전반부가 '무엇을 성취할 것인가'에 집중된 시간이었다면, 중년은 그동안의 경험과 깨달음을 토대로 '어떻게 가치 있게 살아갈 것인가'를 묻는 시기다. 청년기에는 배움과 도전이 중심이었다면, 이제는 삶의 무게만큼 얻은 통찰과 이야기를 나누며 살아가는 단계에 들어선 것이다. 많은 사람들이 이 시기를 "지혜의 계절"이라 부른다.

중년은 단순히 나이가 들어간다는 의미가 아니다. 오히려 그동안의 경험이 깊어지고, 관계와 일, 그리고 삶의 의미를 새롭게 바라볼 수 있는 시점이다. 젊은 시절에는 '성공'이라는 단어가 삶의 방향을 결정했다면, 중년 이후에는 '성숙'이라는 단어가 삶을 이끌어 간다. '무엇을 가질 것인가'가 아니라, '어떻게 나눌 것인가'에 대한 성찰을 요구하는 시기이다.

이때 가장 중요한 자산이 바로 '지혜'다. 지혜는 단순히 많이 아는 것과 경험을 쌓아 온 것과는 다르다. 지혜는 경험을 성찰의 과정을 통해 정제한 결과이며, 상처와 실패, 기쁨과 성취가 모두 녹아든 삶의 농축물이다. 중년의 지혜가 귀한 이유는 그것이 단순한 정보 전달이 아니라 삶을 살아낸 흔적이자, 타인에게 새로운 길을 비춰줄 수 있는 등불이기 때문이다.

그러나 흔히 지혜의 나눔을 '가르침'으로 생각하기 쉽다. 인생을 먼저 살아온 시간만큼이나 많은 말이 입술에 맴돌아 후배 세대들에게 방향을 알려주고 답을 주는 것이 선배 세대로서 당연하다고 생각하기 때문이다. "내가 살아보니 말이야…"로 시작되는 말은 듣는 사람에게는 지혜가 아니라 잔소리로 들릴 수 있다. 종종 꼰대처럼 들리는 것도 그 때문이다. 지혜는 단순한 설명이나 전달이 아니다. 지혜는 누군가에게 '무엇을 아는지'를 보여주는 것이 아니라 '함께 느끼고 경험하며 살아내는 것'이다. 그러할 때 지혜는 완성이 된다.

후배 세대가 살아가는 사회는 중년이 살아왔던 시대와는 다른 사회다. 그럼에도 불구하고 '내가 살아봤으니 다 안다.'는 태도로 접근한다면 오히려 상대의 마음을 열기보다 닫게 만든다. 지혜를 나눈다고 하면서 사실은 자신의 경험을 강요하기도 하는데 내 경험은 나만의 경험일 뿐 절대적 진리가 아니다. 특히 인생의 황혼에 접어들수록 '가르침'보다 함께 호흡하며 공감하는 관계, 즉 존재 그 자체의 나눔이 더 큰 의미를 가진다.

:: 가르침이 아닌 진정한 지혜

중년 이후 삶의 완성 단계에서는 더 이상 지식을 전하는 것만으로는 충분치 않다. 중년의 지혜가 빛을 발하는 방식은 단순한 가르침이 아니라 오히려 함께 걸으며, 귀를 기울이고, 공감하는 방식 속에서 진정한 지혜로 이어진다. 인생의 중·후반부로 들어설 때에는 단방향 조언보다 함께 호흡하는 '동행'이 지혜를 완성한다. 단순한 전수가 아니라 공감과 협력 속에 함께 나누는 하나의 경험으로 지혜가 삶으로 살아나게 될 때 진정한 지혜로서의 가치를 발할 수 있다.

"그럴 줄 알았다.", "내 말대로 하지.", "너는 경험이 없어서 아직 몰라." 경험으로 볼 때 젊은 시절 들었던 이러한 말은 위로가 되거나 길을 밝혀주기보다는 오히려 선택한 길에 확신을 가지기 어렵게 만들기도 했다. 그런데 중년이 된 모습에서 똑같은 말을 되풀이하고 있음을 보게 된다. 세월이 흐르며 알게 된 것이 있다면 지혜는 가르침의 형태로 전해질 때보다 함께 경험을 공유할 때 진정한 지혜가 된다는 것이다.

:: 언어적 조언이 아닌 정서적 공감

오래전부터 '지혜를 나누는 방법'은 주로 말로 전해져 왔다. 하지만 최근 연구 결과를 보면 일방적 조언이 관계에 오히려 벽을 만든다. 사람들은 언어적 조언보다 정서적 공감을 원한다. 권위적 조언은 때로 거리감을 만들 수 있다. 권위적인 조언보다 공감 질문이 대화를 부드럽게 열어주며, 신뢰와 소통을 강화한다. 현대인의 욕구는 해답이 아니라 "내 이야기를 들어주는 귀"와 "공감의 연결고리"다.

지혜는 말하는 사람의 만족이 아니라 듣는 사람의 성장에서 그 가치를 발휘한다. 코칭을 하면서 이 진리를 더 깊이 체감했다. 새로운 직장에 적응하지 못해 괴로워하고 있는 고객에게 순간적으로 "내가 겪어 봐서 아는데…"라는 말을 꺼내려다 멈췄다. 대신 이렇게 물었다. "그 상황에서 네가 제일 두려운 건 뭐야?" 그 질문 이후, 그는 스스로 자신의 이야기를 풀어내기 시작했다.

코치로 준 것은 답이 아니라 '공감'이었다. 그 순간 지혜란 '무엇을 말했는가'보다 '어떻게 함께 있었는가'에 달려 있다는 것을 깨닫게 되었다. "내가 이렇게 했으니 너도 이렇게 해라"라는 말은 상대방을 억누른다. 반면 "나는 이런 상황에서 이렇게 해봤는데, 너라면 어떻게 하고 싶어?"라는 대화는 상대의 사고를 열어준다. 지혜가 지시가 아니라 대화로 전달되고 정서적 공감의 공간을 만들 때 상대는 스스로 답을 찾고 자신의 삶에 맞게 적용할 수 있다.

:: 삶의 태도로 전해지는 지혜

말 한마디보다 더 깊은 가르침을 전하는 건 우리의 행동이다. 즉, 삶이 말보다 더 큰 메시지를 전한다는 의미이다. 이를 과학적으로 뒷받침하는 이론이 바로 반두라(Bandura)의 사회 학습 이론이다. 이 이론은 모델링(모방)을 통한 학습이 말보다 효과적임을 보여준다.

지혜는 경험에서 오지만 그것을 어떻게 나누는가는 전혀 다른 문제다. 지혜는 전해지는 것이 아니라 함께 살아낼 때 깊어진다. 그래서 중년의 경험이 잔소리가 되지 않으려면 먼저 들어야 한다. 상대의 목소리를 듣고, 감정을 공감하고, 상황을 함께 바라봐 줄 때 비로소 지혜는 잔잔히 스며들게 된다. 말로 강요하지 않아도 삶의 태도와 작은 실천이 오히려 더 큰 울림을 남긴다. 중년이 후배와 대화할 때 기억해야 할 것은 '내 경험은 참고자료일 뿐이지 답은 상대가 찾아야 한다'는 점이다. 경험을 나누되, 그것을 절대화하지 않는 태도가 중요하다.

:: 지혜를 나누는 방법 – 삶 속에서 실천하기

| 함께하는 경험하기

지혜는 강연이나 충고의 자리에서만 나누어지는 것이 아니다. 지혜는 혼자서 전달하는 것이 아니라 동행을 통해 나눠지는 힘이다. 때로는 작은 동행에서 더 큰 지혜가 전해지기도 한다.

예를 들어, 함께 봉사활동이나 독서토론 등 프로젝트를 함께 추진하는 과정에서 중년은 자연스럽게 자신의 태도와 삶의 방식을 보여줄 수 있다. 이때 후배는 말이 아니라 삶을 통해 지혜를 배운다. 가르치려 들지 않아도 함께하는 과정에서 지혜는 가장 자연스럽게 전해진다. 나이가 많은 이의 '경험'이 젊은이의 '열정'과 함께할 때에 지혜는 시너지를 낸다.

지혜는 단순히 전달하는 것이 아니라 함께 나누고 공감하는 여정 속에 진정으로 완성되고 전해진다. 삶의 언저리를 함께 걸으며 나눈 이야기들이 전해지면서 지혜는 삶의 일부가 된다. 성공한 지혜 나눔은 일방이 아닌 쌍방의 성장으로 경험과 공감의 접점에서 서로 존재가 되어주는 시간에서 만들어진다. 즉 인간은 상호작용으로 성장하는 것이다.

| 울림을 주는 이야기하기

중년의 지혜는 '이래야 한다'는 조언이 아니라 이야기의 형태로 전해질 때 더 깊은 울림을 준다. 지혜를 남기기 위한 서술은 감정이 담긴 이야기로부터 시작된다. 지혜는 통계가 아닌 이야기로 전해질 때 깊이 남는다. 자신의 실패와 좌절, 두려움과 다시 일어섰던 순간들을 솔직히 나누는 것이다. 실패담은 듣는 이에게 위로가 되며 극복의 과정은 용기를 준다. 예를 들어, "내가 너라면 이렇게 할 거야."라는 말보다는 "나도 그 시절에 비슷한 고민이 있었어. 그때 나는 이렇게 선택했는데, 결과는 꼭 좋지만은 않았어. 하지만 그 과정을 통해 이런 걸 배웠어." 라고 말할 때, 듣는 이는 스스로 선택할 힘을 얻게 된다.

이야기는 지식을 전달하는 수단을 넘어 사회적 협력과 공감을 강화한다. 연구에 따르면 이야기가 많은 공동체일수록 관대함과 협력성이 증가했다고 알려져 있다. 이야기 공유는 신경전달물질인 옥시토신의 증가와 스트레스 호르몬의 감소로 공감 형성에 효과적으로 정서적 효과를 만든다. 이러한 이야기는 '전달'이 아닌 '공감의 다리'를 놓는 역할을 하게 된다. 울림을 주는 이야기는 지혜를 실천하는 방식으로, 이야기 자체가 지혜로 작용한다.

| 질문하기

코칭에서 중요한 도구가 '질문'이듯 지혜를 나눌 때도 질문은 큰 힘을 가진다. 좋은 질문은 상대방의 내면을 열게 하고, 스스로 길을 찾도록 돕는다. 예를 들면,

"지금 네가 정말 원하는 것은 무엇이야?"

"만약 다른 선택을 한다면 어떤 모습일까?"

"이 경험에서 무엇을 배우고 싶니?"

"그 선택을 하면 너에게 어떤 의미가 있을까?"

이런 질문은 단순한 조언보다 훨씬 오래 남는다. 질문이 답보다 강한 힘을 가지고 있다. 중년의 지혜가 진짜 힘을 발휘하는 순간은 답을 주었을 때가 아니라 상대가 스스로 답을 발견했을 때다. 중년의 지혜는 답을 찾도록 거울을 들어주는 역할을 하는 것이다.

:: 중년 이후, 지혜 나눔이 주는 선물

가르침이 아닌 함께하기로 지혜를 나누는 일은 후배 세대만을 위한 것이 아니다. 오히려 중년 이후의 삶을 더 깊게 만드는 자기 성장의 과정이다. 가르치려 들면 멀어지지만 함께하려 하면 가까워진다. 후배와의 관계가 단절되지 않고 오히려 깊어진다. 젊은 세대가 부담 없이 다가올 수 있다. 무엇보다 내 삶의 경험이 누군가에게 등불이 된다는 보람을 얻는다. 이야기를 나누는 과정에서 자기 삶을 다시 정리하고 의미를 찾게 된다. 지혜는 혼자 품을 때보다 나눌 때 더욱 단단해진다. 지혜의 나눔은 결국 '타인을 위한 봉사'가 아니라 자신의 삶을 완성하는 마지막 퍼즐이다.

:: 인생의 사막을 건너는 동행

중년은 가르침의 자리가 아니라 함께 걷는 자리다. 함께 걸으며 의미를 나누고, 스스로 답을 찾도록 돕는 데 있다. 이것이야말로 중년이 다음 세대와 사회에 남길 수 있는 가장 귀한 유산이다.

내가 가진 지혜는 완성된 답이 아니다. 함께 나누며 자라나는 이야기다. 가르침이 아닌 함께하기로 전하는 지혜는 중년이 되어야만 할 수 있는 특별한 선물이다.

- **공감의 질문 연습:**

☑ "요즘 어떤 마음인가요?"
☑ "그 순간, 어느 생각이 가장 컸나요?"
☑ "지금 어떻게 느끼고 있나요?"
☑ "그때 기분은 어땠나요?"
☑ "가장 힘들었던 순간은 언제였나요?"
☑ "그때 나는 어디로 향하고 있었나?"

- **일상의 모범:** 말보다 하루의 작은 행동으로 메시지 전달하기
- **상호 학습 설계:** 세대와 경험 차이를 넘어 함께 탐색할 수 있는 모임 구성하기(예: 정기적인 독서 모임, 자원봉사)
- **공감의 기록:** 서로의 이야기에 귀 기울이고 피드백 나누기, 자신의 삶에 있었던 인사이트 3개를 글로 작성해보기
- **나의 지혜 선언:** "내 경험 중 이건 함께 나누고 싶다"는 메시지를 표현해 보기, 감정과 함께 전하는 이야기로 구성하기
- **상호 학습 프로젝트:** 세대·경험·기술의 차이를 넘어 함께 실험하고 배우는 공동 활동하기
- **이야기 기록과 공유:** 자신의 경험을 짧은 에세이로 써서 혹은 영상으로 공유하기

인생을 회고하는 법: 고백이 아닌 감사로

"내 인생을 떠올릴 때, 부끄러운 것이 먼저가 아니라, 감사한 것
이 먼저 떠오른다면, 그 사람은 이미 삶을 잘 살아낸 것이다."

— 익명의 어느 노인의 말

:: 회고는 평가가 아닌 연결이다

"지금까지 내가 잘 살아온 걸까?"

"다르게 살 수는 없었을까?"

"나는 왜 이렇게 많은 실수를 했을까…"

"다시 그때로 돌아갈 수 있다면 얼마나 좋을까."

인생의 어느 시점에 우리는 자신에게 이런 질문들을 던지기 시작한
다. 특히 중년 이후, 자녀가 성장하고 퇴직이 가까워질수록 혹은 질병,
이별, 상실 등 인생의 전환기를 지나면서 사람들은 자연스럽게 자신의
삶을 되돌아보게 된다. 이 시기를 심리학자 에릭 에릭슨(Erik Erikson)은
'자아통합 vs. 절망'의 시기로 설명했다. 삶을 정리하면서 '나는 괜찮은
삶을 살았다'는 자아통합을 이루지 못하면 절망과 후회가 삶의 마지막
까지 따라다닌다는 것이다.

많은 사람들은 인생을 되돌아보는 일을 마치 시험 성적표를 확인하는 것처럼 느낀다. 무엇을 잘했고, 무엇을 잘못했는지 평가하려 한다. 그러나 진정한 회고는 '결과의 총합'이 아니라 '의미의 발견'이다. 우리는 무엇을 이루었느냐보다 어떤 이야기를 품고 살아왔느냐로 기억되는 것이다. 회고는 내 삶의 '실패'라는 조각도 '성공'이라는 조각도 있는 그대로 받아들여 그것들을 하나의 인간적인 이야기로 엮는 작업이다.

학생들과 진로코칭을 할 때 '세상에서 가장 어려운 숨은 그림은 무엇일까?'라는 질문을 던져 본다. 세상에서 가장 어려운 숨은 그림은 바로 '나'이다. 인생을 퍼즐에 비유한다면, 우리는 이미 완성된 그림을 바라보며 사는 것이 아니라 삶이라는 조각을 하나씩 선택하고 연결해 가는 과정 속에 있다. 어떤 조각을 어디에 놓느냐에 따라, 그 선택들은 시간이 흐르며 하나의 그림을 만들어 간다. 훗날 인생을 돌아보았을 때 그 모여진 장면이 후회로 남을지 감동으로 남을지는 바로 지금 '이 순간의 선택'들이 이어진 결과다. '이 순간의 선택'을 하는 나는 어떤 모습으로 있을지 알 수가 없기에 가장 어려운 숨은 그림이다.

그러나 인생은 퍼즐 그림을 잘 맞추었는지를 평가하는 시험지가 아니다. 흩어진 조각들이 모여 하나의 이야기를 만들어 가는 여정이라고 볼 수 있다. 그래서 인생을 회고하는 시점에서 중요한 것은 잘했는지에 대한 판단이 아니라, 그 연결 속에 어떤 의미와 이야기가 담겨 있는가이다. 인생은 완벽한 그림이 아니라 선택을 통한 의미 있는 연결로 완성되는 것이다.

젊은 시절에는 미래를 향해 달리기에 바빴다면, 인생의 후반부는 지나온 길을 되짚는 시간이다. 그러나 회고는 흔히 후회와 연결되어 스스로를 자책하게 만든다. '그때 다른 선택을 했다면 지금은 달라졌을까?'라는 생각이 한 편의 고해성사처럼 꼬리를 물기 때문이다. 하지만 회고의 시간은 후회로 가득 찬 고백의 시간이 되어서는 안 된다. 우리는 "인생을 어떻게 회고할 것인가?"에 대해 질문을 던지고 그 회고의 방식을 "고백이 아닌 감사"로 바꿀 수 있는 방법을 찾아보는 시간이 되어야한다.

:: 후회로 가득한 회고는 우리를 무기력하게 만든다

"그때 그런 결정을 하지 않았다면 지금은 어땠을까?"

"왜 나는 더 좋은 선택을 하지 못했을까?"

이런 생각은 겉으로는 '성찰'처럼 보이지만 실제로는 자신을 점점 더 후회와 자책의 구덩이로 끌고 들어가는 생각이다. 이런 사고를 심리학에서는 '반추(rumination)'라고 부른다. 반추란 어떤 사건이나 감정, 특히 부정적인 생각이나 경험을 반복적으로 곱씹는 사고 과정을 말한다. 부정적인 감정을 반복적으로 곱씹는 습관은 우울감과 불안, 무기력감을 심화시킨다. 반면, 같은 과거를 돌이켜보더라도 '감사'의 관점으로 보면 삶의 의미와 연결성을 찾고 자신을 격려할 수 있게 된다.

예를 들어, 한 중년 여성이 20대에 자신의 진로를 부모의 뜻에 따라 선택했던 경험을 떠올릴 때, '나는 내 삶을 선택하지 못한 실패자야'라고 해석하면 자책과 우울로 이어지지만, '그 선택 덕분에 지금의 아이들과 안정적인 삶을 만들 수 있었구나'라고 받아들이면 감사와 안정감을 느낄 수 있다. 나의 보는 관점이 바뀌면 문제가 달리 보이고 이 세상은 변한다.

:: 감사는 기억의 질을 바꾼다

감사는 단지 '좋게 보려는 마음가짐' 이상의 효과를 가진다. 감사의 감정은 우리의 뇌 구조, 감정 처리 방식, 관계 방식에 실제로 영향을 미친다. 미국 UCLA 의대의 신경과학 연구에 따르면, 하루에 단 5분만 감사에 대해 집중하면, 뇌의 전전두엽(의사결정과 자아통합을 담당하는 부위)이 활성화되고, 스트레스 반응을 조절하는 해마와 편도체의 활동이 안정된다고 보고되었다. 즉, 감사는 과거를 다르게 '기억'하도록 돕는 정서적 전략이자, 뇌가 '회복탄력성'을 회복하는 실질적인 훈련법이기도 하다. 그리고 이 훈련은 중장년 이후 삶을 정리하는 시기일수록 더욱 중요하다.

"내가 너무 이기적이었어요."
"그땐 왜 그렇게 말했을까…"
"조금만 더 용기 냈더라면…"

코칭을 하다 보면 중년 이후에 인생을 되돌아보며 자신을 '고백'하는 사람들을 자주 만난다. 그 고백은 때로 필요하지만 거기에만 머무르면 자책과 후회의 굴레에 갇힌다. 과연 후회와 고백만이 인생 회고의 유일한 방식일까? 우리는 고백이 아니라 '감사'로도 회고할 수 있다. 그러니 고백이 아닌 감사로 돌아보는 연습을 해보자.

실패했던 순간에 나를 일으켜 준 사람에게 감사하기, 내 실수에도 끝까지 기다려 준 나 자신에게 감사하기, 그때 몰랐지만 시간이 지나 깨달은 배움에 감사하기 등으로 후회가 아닌 감사를 선택할 수 있다. 감사는 '왜 그랬을까'라는 질문에서 '그랬음에도 불구하고'로 옮겨가는 해석의 전환이다.

긍정심리학자 로버트 에몬스(Robert Emmons)는 감사의 표현이 회복탄력성(resilience)과 우울감 감소에 효과적이라는 연구를 발표했다. 매일 감사한 일을 세 가지 적는 습관이 수면의 질을 높이고, 전반적인 삶의 만족도를 높인다는 것이다. 후회하는 인생이 아닌 감사의 인생이 되어 보자.

:: 후회와 회고의 차이 - 감사의 렌즈로 바라보기

사람들은 대체로 행동하지 않은 것에 대해 더 오래 후회한다. 즉, '그때 그렇게 하지 말았어야 했어'보다는 '그때 왜 아무것도 하지 않았을까'가 더 깊은 후회로 남는다는 것이다. 실패 그 자체보다 '가능했던 선택을 하지 않은 자신'에 더 아파한다. 이 말은 곧 이렇게도 해석할 수 있다. '내가 어떤 선택을 했든 그것은 나의 최선이었음을 인정하고 감사할 수 있다면 후회로부터 벗어날 수 있다'는 것이다.

자책이 아닌 자기 인정으로 감사의 렌즈를 장착해 보자. 많은 중장년이 '그때 다른 선택을 했더라면 지금의 나는 좀 더 행복하지 않았을까'라고 말하지만 그 선택이 있었기에 지금의 내가 존재하는 것이다. 그때의 선택은 그 당시의 지식과 경험, 감정과 상황 안에서 할 수 있는 최선의 선택이었을 가능성이 크다.

50대 남성 코칭 고객이 다음과 같이 이야기했다. "그때는 내가 너무 몰랐어요. 지금 생각하면 어리석었죠. 그런데 돌이켜보면, 그 선택이 있었기에 지금 내 아이들이 있고, 지금의 삶이 있는 거예요. 미련도 있지만, 고마운 선택이었죠." 이처럼 후회는 삶을 해석하는 방식의 문제이다. 그 해석의 틀을 '자책'이 아닌 '감사'로 바꾸면 우리는 스스로를 이해하고 위로할 수 있게 된다.

:: 회고의 언어: "왜 그랬을까"에서 "그랬기에"로

자신의 과거를 되돌아볼 때, "왜 그랬을까?"라고 자문하는 사람과, "그랬기에 지금의 내가 있다"라고 말하는 사람의 얼굴은 다르다. "왜 그렇게 살았을까"는 자책의 문을 연다. "그랬기에 지금의 내가 있다"는 수용과 성장의 문을 연다.

한 60대 여성 코칭 고객은, 세 아이를 키우느라 자신의 커리어를 포기했던 것을 두고 오랫동안 후회했다. 하지만 수년 후, 손주를 돌보며 딸의 커리어를 돕고 있는 지금의 그녀는 이렇게 말했다. "그때의 희생이 지금의 내가 사랑받는 이유가 되었어요." 이것이 회고의 언어를 바꾸는 힘이다. 우리는 자신을 바꿀 수 없지만, 자신을 바라보는 '언어'를 바꿀 수는 있다.

인지심리학자 마틴 콘웨이(Martin Conway)는 자서전적 기억(autobiographical memory)이 정체성과 깊이 연결된다고 말했다. 즉, 우리는 어떤 사건을 기억하는 방식에 따라 삶에 대한 감정이 달라진다. 같은 경험도 사람마다 다르게 기억한다. 어린 시절의 가난을 누구는 상처로, 누구는 뿌리로 기억한다. 같은 이혼 경험도 누구는 인생의 실패로, 누구는 자존의 회복으로 기록한다. 이때 중요한 것은 '사실'이 아니라, '의미'다. 의미를 회복할 수 있다면 기억은 상처가 아닌 지혜가 된다.

코칭에서 가장 중요한 도구 중 하나는 바로 질문이다. 질문은 언제나 물음표(?)로 끝난다. 그런데 이 물음표를 거꾸로 바라보면 마치 갈고리처럼 보인다. 질문은 단순한 호기심의 표현이 아니라, 내면 깊은 곳에 숨어 있는 답을 갈고리로 끌어올리는 힘을 가지고 있다. 그렇게 꺼내어진 답은 어느 순간 느낌표(!)로 다가온다. 우리는 이를 흔히 '아하 모먼트(A-ha moment)'라고 부른다. 질문을 통해 스스로 깨달음을 얻는 순간, 인생은 한층 풍요로워진다.

만약 우리의 중년이 끊임없는 후회의 물음표와 자책으로만 채워져 있다면 삶은 무겁고 답답할 수밖에 없다. 그러나 회고의 질문 속에서 깨달음을 얻고 그것을 감사의 마음으로 전환할 수 있다면, 중년의 삶은 점차 느낌표로 가득 찬 인생으로 변해갈 것이다. 이것이야말로 중년이 누릴 수 있는 품위 있고 질서 있는 삶의 방식이다. 후회가 아닌 회고의 물음표에서 그것을 감사와 깨달음의 느낌표로 전환하는 것, 그 과정이 바로 성숙한 삶으로 나아가는 길이다.

코치로서 가장 큰 기쁨은, 누군가의 인생 이야기가 '자책'으로 끝나지 않고 '감사'로 마무리되는 순간을 함께하는 것이다. 인생을 책이라면, 마지막 문장이 그 전체를 결정짓는다. "후회뿐이야."와 "참 고마운 인생이었어."는 완전히 다른 책이다. 인생의 사막에서 어떤 마지막 문장을 남기고 싶은가? 이 물음표의 질문에 느낌표의 한 문장이 완성되길 응원한다.

실천적 코칭 TIP 감사로 회고하는 5가지 방법

- ✓ 주 1회 감사 저널 쓰기
- ✓ 과거 경험 재해석 워크시트 활용하기
- ✓ 타인과 인생 회고 인터뷰 진행하기
- ✓ 부정적 경험에서 배운 점 찾는 연습하기
- ✓ 삶의 이야기를 에세이로 써 보기 (짧아도 OK)

코칭 팁: 감사일기 쓰기

"하루를 끝맺을 때, 작은 것이라도 감사할 일을 찾아보라. 그것
이 내일을 살아갈 힘이 된다."

— 오프라 윈프리(방송인, 작가)

긍정심리학의 창시자인 셀리그만은 감사일기를 포함한 '감사개입
(gratitude intervention)'이 인간의 행복과 웰빙을 지속적으로 증진시킨다는
것을 입증했다. 특히, 감사 편지 쓰기, 매일 감사 세 가지 적기 등의 활
동은 삶의 만족도와 우울증 감소에 효과가 있었다. 핵심 결과로는 감
사일기를 1주일간 작성한 실험군은 그렇지 않은 그룹보다 6개월 뒤까
지 삶의 만족도가 지속적으로 높게 유지되었다.

감사는 감정 조절 전략 중 '인지 재구성(Cognitive Reappraisal)'로 작용한
다. 감정조절 이론(Affective Regulation Theory)에 의하면 사람은 부정적 감
정을 경험하더라도, 감사일기를 통해 상황을 재해석하고 긍정적인 면
을 찾게 되면서 감정적 회복력(resilience)이 향상된다는 것이다.

긍정 감정은 인간의 인지적, 사회적 자원을 넓혀준다(broaden). 나아
가 장기적으로 개인의 자원을 구축(build)한다. 감사는 대표적인 긍정 감
정 중 하나로, 뇌의 시야를 확장시키고 창의력, 문제해결 능력, 관계 개
선 능력을 키우는 데 기여한다.

신경과학적 근거에 의하면 감사는 뇌에 미치는 긍정적 영향을 미친다. fMRI 연구에 따르면, 감사 표현과 회상이 뇌의 전전두엽(prefrontal cortex)을 활성화시키고, 도파민 및 세로토닌 분비를 증가시켜 심리적 안정감을 유도한다.

감사일기는 개인의 삶을 서사적으로 재구성하는 도구이다. 맥아담스(McAdams)의 자기서사이론에 따르면, 인간은 자신의 삶을 하나의 이야기로 엮으며 정체성을 형성하는데, 감사는 삶의 의미를 재해석하고 긍정적으로 해석하는 중요한 요소이다.

다섯 가지 심리·신경 영역은 서로 맞물리며 긍정적 변화를 확산시킨다. 먼저 정서 조절이 향상되면 스트레스가 줄어들고 감정이 안정되며 우울을 예방하는 기반이 마련된다. 이어서 인지 변화가 일어나 부정적 사고 패턴이 완화되고 시야가 넓어지며 인지적 유연성이 높아져 상황을 보다 균형 있게 바라보게 된다. 이러한 변화는 자연스럽게 자기 인식을 강화해 자존감이 회복되고 보다 건강한 정체성을 구축하도록 돕는다. 동시에 뇌 건강 측면에서도 도파민과 세로토닌이 증가하고 전두엽 기능이 활성화되며 집중력과 행동 조절 능력이 좋아진다. 마지막으로 이러한 개인 내부의 변화는 관계 개선으로 이어져 공감 능력이 높아지고 타인과의 상호작용이 한층 긍정적으로 변하는 선순환을 만든다.

:: 감사일기 쓰기 실습 – 하루 5분, 일주일 3회 이상

감사 연습은 간단한 기록에서 시작해 실제 행동의 변화로 이어지는 과정이다. 먼저 오늘 있었던 감사한 일 세 가지를 적으며 긍정적 순간을 다시 떠올린다. 이어서 왜 그것이 감사한지 이유를 적음으로써 일상의 작은 경험이 지닌 의미를 스스로 깨닫게 된다. 그런 다음 그 경험이 나에게 어떤 영향을 주었는지 기록하며 정서적 안정과 마음가짐의 변화를 확인한다. 네 번째 단계에서는 '미리감사'로 내일 혹은 가까운 미래에 감사할 수 있는 일을 미리 상상해 감사의 시야를 미래로 확장한다. 마지막으로 고마운 친구에게 문자 한 통 보내는 것처럼 감사의 마음을 실제 행동으로 표현해, 생각에서 행동으로 이어지는 긍정적 루틴을 완성한다.

| 감사일기 실습 예시

예시 1

- ☑ 오늘 감사한 일: 남편이 따뜻한 커피를 내려줬다.
- ☑ 이유: 바쁜 아침이었는데 그 한 잔이 위로가 되었다.
- ☑ 영향: 하루를 여유롭게 시작할 수 있었다.
- ☑ 미리감사: 가족이 다 같이 저녁을 먹을 수 있어서 감사.
- ☑ 감사 표현: 남편에게 "고마워요"라고 말하기.

예시 2

- ☑ 감사한 일: 회사 동료가 내 실수를 덮어주었다.
- ☑ 이유: 질책보다는 함께 해결해 준 태도에 감동했다.

- ✅ 영향: 나도 다른 동료에게 너그러워지려고 노력했다.
- ✅ 미리감사: 내가 동료에게 도움을 줄 수 있어서 감사.
- ✅ 감사 표현: 동료에게 감사의 이모티콘 보내기.

| 감사일기를 코칭에 활용하는 법

피코치가 처음에 막막해할 경우, "어제 있었던 일 중에 기분 좋았던 일 3가지를 생각해 본다면?", "그 3가지 중 가장 기분 좋았던 일은?" 이라고 구체적으로 질문을 한다. 감사한 대상을 찾기 어렵다면, 사람이나 환경, 감정이나 사건 등에서 감사 요소를 찾도록 유도할 수 있다. 감사일기는 자기 비난이나 후회에서 벗어나 현재를 인정하고 회복하게 돕는다. 코칭 중 감사일기 내용을 함께 리뷰하면서 정서 흐름 변화, 삶에 대한 시각 변화 등을 피드백한다.

| 103 프로젝트 vs 110 프로젝트

감사는 삶의 조명을 켜는 일이다. 크고 작은 일상을 빛나게 만드는 그 하나의 순간, 그 하나의 시선이 바로 감사이다. 처음에는 어렵게 느껴질 수 있다. 그래서 시작은 단순하게, 하루 세 가지 감사로부터 출발한다. 이것을 '1일 3감사', 줄여서 '103 프로젝트'라고 부른다.

매일 밤, 혹은 하루를 시작하며 세 가지 감사한 일을 적어보자. 따뜻한 햇살, 지나가는 이의 미소, 무탈한 가족의 하루… 그렇게 하루 세 가지의 감사로 내 삶을 다시 바라보기 시작한다. 이것이 습관이 되면, 결핍보다 충만에 눈이 뜨이고, 불평보다 고마움이 마음을 채우면서 시선은 조금씩 달라질 것이다.

양손을 펼쳐보라. 열 개 손가락을 하나씩 세어가며, 오늘 하루 감사한 일 열 가지를 떠올려 보자. 이것이 '1일 10감사', 즉 '110 프로젝트'이다. 하루 열 가지 감사는 처음에는 많아 보이지만, 한 번 익숙해지면 생각보다 빠르게 당신의 언어가 될 것이다. 생각보다 우리는 많은 은혜 속에서 살아가고 있었음을 비로소 알아차리게 된다.

그리고, 인생의 어느 시점에서 우리는 감사가 더는 '쓰기'의 습관이 아니라 '살기'의 방식이 되었다는 걸 알게 될 것이다. 어느덧 마음속에서 샘솟는 감사가 넘쳐흘러, 우리는 하루 백 가지의 감사도 적을 수 있게 된다. 이것은 바로 '1100 프로젝트', 하루 100가지 감사의 삶이다. 물론, 하루에 백 가지 감사를 떠올리는 것이 쉽지는 않다. 하지만 그 길 위에서 감사는 발견의 감각이고, 해석의 기술이며, 태도의 선택이라는 것을 감사훈련을 통해 배우게 된다. 후회와 아쉬움으로 채우기 쉬운 인생의 말미에, 우리는 다른 선택을 할 수 있는 것이다. 바로 '감사로 남는 인생'을 선택하는 것이다.

인생의 4막, 그 마무리에 다다랐을 때 누군가가 나를 떠올리며 이렇게 말해주기를 바라는 내면의 소리가 있을 것이다.

"그분은 항상 감사하는 분이셨어."

"삶이 힘들었을 텐데도, 늘 고맙다고 말해주셨지."

"그 덕분에 나도 불평보다는 감사하는 사람이 되었어요."

그것이 바로 우리가 다음 세대에 남길 수 있는 가장 깊은 유산 아닐까?

누구나 살아오면서 한 번 쯤은 겪었을 상처와 실수, 후회를 품고 있다. 그러나 결국 그 모든 것을 감사로 덮을 수 있다면, 우리의 이야기는 비로소 완성될 수 있다. 그 이야기의 마지막 장을 쓰는 지금, 우리는 질문을 바꿔야 한다.

"무엇을 더 이루었는가?"에서

"무엇에 감사하며 살아왔는가?"로.

오늘도 손가락을 하나씩 접으며, 마음속에 피어나는 감사의 문장을 세어 본다. 그리고 그렇게 감사하는 삶은 우리 인생을 더 깊고 아름답게 정리해 줄 것이다. 우리의 인생 4막은 감사라는 빛으로 완성될 수 있다. 그 감사는 삶을 완성해 가는 아름다움이 될 것이다.

남김 없이 살고, 남김 없이 나누는 시간이었고, 나와의 화해라는 시간이었고, 안전한 지대에서 벗어나는 시간이다. 그리고 가르침이 아닌 함께하기로 지혜의 나눔 시간이고, 인생을 회고하는 고백이 아닌 감사의 시간이다. 그러므로 지금까지의 삶의 시간들이 결핍과 후회의 시간이 아니라 풍요와 번성의 시간이 되는 것이다.

감사 탐색 질문

- ☑ 당신이 살아오며 감사하게 여긴 순간은 언제인가요?
- ☑ 최근에 누군가에게 고마움을 표현한 적이 있나요? 어떤 상황이었나요?
- ☑ 지금까지의 고난 중에서 감사하게 여길 수 있는 점은 무엇인가요?
- ☑ 오늘 하루 중 가장 미소 지었던 순간은 언제였나요?
- ☑ 당신이 고마움을 느끼는 사람은 누구이며, 이유는 무엇인가요?

참고문헌

- Atul Gawande, Being Mortal, Metropolitan Books, 2014.

- Conway, Martin A., & Pleydell-Pearce, Christopher W. (2000). "The Construction of Autobiographical Memories in the Self." Psychological Review.

- Dweck, C. (2006). Mindset: The New Psychology of Success.

- Emmons, Robert A. (2007). Thanks! How the New Science of Gratitude Can Make You Happier.

- Fox, G. R., Kaplan, J., Damasio, H., & Damasio, A. (2015). Neural correlates of gratitude. Frontiers in Psychology, 6, 1491.

- Fredrickson, Barbara. (2009). Positivity: Top-Notch Research Reveals the 3-to-1 Ratio That Will Change Your Life.

- Fujita, F., & Diener, E. (2005). Life satisfaction set point: Stability and change. Journal of Personality and Social Psychology.

- Greater Good, Berkeley (2024), Is it Healthy to Forgive Yourself; self-forgiveness linked to mental & physical health.

- Holmgren (2023), self-forgiveness stages: acknowledge, let go, self-accept.

- LeDoux, J. (2012). Rethinking the emotional brain. Neuron.

- Pillemer cited in Public Square (2021), reconciliation brings adult achievement sense.

- PubMed (2021). Benefits of intergenerational wisdom-sharing: BCLT program.

- Rhodes, J. (2020). Meta-analysis on cross-age mentoring. Chronicle of Evidence-Based Mentoring.

- Tugade, M. M., & Fredrickson, B. L. (2004). Resilient individuals use positive emotions to bounce back from negative emotional experiences. Journal of Personality and Social Psychology.

- UC Berkeley (2024), self-compassion micropractices.
- Weststrate, N. M., Glück, J., & Ferrari, M. (2018). Intergenerational storytelling as a medium for social transmission of lived wisdom. Innovative Aging.
- Wong et al. (2021), Psychological Meaning of Self-Forgiveness; self-forgiveness predicted well-being across cultures.
- Woodyatt & Wenzel (2017), dual model of self-forgiveness.
- 김상헌, 『나이 듦의 품격』, 한빛비즈, 2020.
- 김창옥, 『당신은 아무 일 없던 사람보다 강합니다』, 수오서재, 2021.
- 박혜란, 『믿는 만큼 자라는 아이들』, 웅진지식하우스, 2016.
- 윤수영, 「진로교육에서의 커리어코칭 활용방안에 대한 연구」, 박사학위논문, 고신대학교 대학원, 2015.
- 윤지영, 『삶의 마지막 순간에서』, 심플라이프, 2023.

멈춤이 아닌 전환
- 고정연

그는 리더의 잠재력을 발굴하고 통찰을 불러일으키는 인사이트 마이너(Insight Miner)이자 전략가이다.

SK 계열사에서 경영지원본부장과 대표이사 등을 역임하며 30여 년간 재직하였다. 이제는 그 경험과 전문 자격(PCC, KPC, Ph.D.)을 바탕으로 리더의 성장을 돕는 비즈니스 전문 코치로 활동하고 있다. 부경대학교에서 전략론을 가르치고 있으며, ADR(Alternative Dispute Resolution) 전문가로서 부산지방노동위원회 심판·조정위원으로도 오랜 기간 일하고 있다.

'코칭과 ADR의 결합'을 통한 분쟁 해결에 관심이 있으며, 코칭 프로그램 개발과 저술을 통해 코치 양성과 코칭 문화 확산에 기여하는 것을 보람으로 여기고 있다.

저서로 『리더에서 코치로』가 있다. 한국코치협회(KCA)의 KAC, KPC 자격 취득을 위해 〈코칭리더십 기본과정〉, 〈코칭 핵심 역량〉, 〈통합형 그룹코칭 전문가과정〉 등의 코칭 프로그램(ACPK)을 개발하였다.

몸이 보내는 신호에 귀 기울이기

사람의 몸은 평생 변하지만 큰 변화가 일어나는 두 번의 주요 기간이 있다. 하나는 40대 중반에 도달했을 때이고, 다른 하나는 60대에 도달했을 때이다.

– 스탠퍼드대 마이클 스나이더 교수

내 몸의 변화를 실감하기 시작한 건 50대 중반 무렵이었다. 피로가 쉽게 풀리지 않고, 숙취도 오래갔으며, 소화력은 예전만 못했다. 하지만 그땐 대수롭지 않게 여겼다. 일시적인 현상이라 믿었고, 시간이 지나면 회복되리라 생각했다. 돌아보면, 무심했다.

50대 후반경 몸의 이상 신호를 한두 달 전부터 감지한 건 참으로 다행한 일이었다. 사실 그즈음에 친구가 급성 심근경색증을 겪었고, 그에게서 심장의 이상 징후를 들어 알고 있었다. 그러던 차에 가슴의 통증을 간간이 느끼다 그날은 골프 라운딩을 하면서 매우 심한 통증을 느끼게 되었다. 귀가 중 병원 응급실을 찾았고 협심증 진단을 받았다. 심장혈관 중 한 곳이 많이 막혀 있었다. 이후 시술과 짧은 입원을 마치고 정상 생활로 복귀했음은 물론이다.

그 일을 계기로 내 몸에 대해 예전과는 다른 관심을 가지게 되었다.

몸이 필요로 하는 것이 무엇인지 많은 공부를 했다. 생활 습관과 음식 섭취 패턴을 바꾸고, 운동을 꾸준히 하며 건강하게 지내고 있다.

:: 놓치기 쉬운 몸의 경고 신호

요즘 2·30대는 예전과 달리 일과 삶의 균형 잡힌 생활을 추구하고, 건강과 운동 등에 많은 관심이 있는 듯하다. 저녁 산책 겸 운동을 하다 보면 마주치는 사람들의 상당수가 20, 30대이다.

5·60대의 중장년층은 일상적 장시간 근로, 여가와 운동 부족 등으로 오히려 건강을 돌봐야 하는 세대였지만 대부분 그렇게 하지 못하고 앞만 보고 달려온 경우가 대부분이다.

그러다 보니 세월을 견뎌낸 몸은 신호를 보내기 시작하는데 나의 경우처럼 알아채지 못하는 경우가 허다하다. 특히 5·60대는 과학적 근거로도 알 수 있듯이 몸의 이상을 알아차리고 조기 발견하여 더 큰 병을 막을 수 있는 골든 타임인데도 말이다.

간과하기 쉬운 노화의 징조는 어떤 것이 있을까. 대표적인 것이 소화력이 저하이다. 위장 기능 저하에 걸맞은 솔루션이 필요하다. 만성적 소화불량이 위염이나 장상피화생 등의 위장 질환으로 이어지지 않도록 조심해야 함은 물론이다.

기억력과 집중력의 저하도 중장년층이 많이 느끼는 몸의 변화다. 건망증이나 단순 기억력 저하는 크게 문제되지 않는다. 경도인지장애는 치매나 알츠하이머 등의 전조 증상일 가능성이 있다. 검사를 통해 미리 점검하여 적절한 조치를 하는 것이 필요하다.

고혈압, 당뇨, 대사증후군 등도 꾸준하고 지속적인 관리가 필요하다. 이를 소홀히 하여 합병증으로 장기간 고생하는 경우를 흔히 본다. 고혈압, 당뇨는 치매의 위험도를 2~4배 증가시키게 되므로 특히 주의하여야 한다.

근감소증(Sarcopenia)은 나이가 들면서 근육량과 근력, 신체 기능이 병적으로 감소하는 상태다. 한때 노화의 과정으로 여겨졌지만 미국, 일본에서와 같이 우리나라도 질병으로 분류한다.

사람의 몸은 600여 개의 근육으로 이루어져 있다. 30대부터 근육량이 줄어들기 시작해 70대가 되면 절반 수준까지도 줄어들 수 있다. 악력, 걸음 속도가 떨어지면 근감소증을 의심해 봐야 한다.

근감소증은 치료제가 없으므로 예방과 관리가 중요하다. 특히 근육량을 유지하려면 운동과 식습관 관리가 필수다. 65세 이상이 되어 근감소증을 예방하려면 늦다.

노후를 위해 적립식 투자가 필요하듯이, 50대부터는 근육의 적립에 관심을 가져야 한다.

혹자는 병이 생길 경우 의사의 지시에 따라 약을 먹고, 치료하면 되지 않느냐고 생각할지 모르겠다. 병은 생기기 전에 예방하는 것이 최선이다. 또, 의사가 환자에게 치료를 위해 하나하나 자세하게 설명하고 알려주면 좋겠지만 현실은 그렇지 못하다. 3분 진료가 현실인 상황이다.

의학 지식을 토대로 필요한 질문을 던지고 나에게 필요한 의사의 전문적 답변을 끌어내고 이해할 수 있어야 한다.

진료실을 나서부터는 이후부터는 오롯이 환자 본인의 소관이다. 결국 내 몸을 돌보고 관리해야 하는 주체는 나 자신이고, 기본적인 의학 지식이 뒷받침될 때 주체적이고 보다 능동적인 몸 관리가 가능해질 것이다.

:: 퇴직 후 심리적 변화와 신체 반응

퇴직 후, 평소처럼 정기 검진을 받던 중 자율신경계 검사 결과에 대해 의사와 면담을 하게 되었다.

그는 느닷없이 질문을 던졌다. "최근 일상에 큰 변화나 스트레스를 받으신 일이 있나요?" 자율신경계의 부조화가 심해졌다는 설명과 함께였다.

"퇴직을 했지만 크게 스트레스를 받는 상황은 아니다"고 답변했다. 어느 정도 예견된 퇴직이기도 했거니와, 퇴직 전과 다름없이 규칙적으로 출퇴근하는 등 생활의 리듬을 잃지 않고 있었기 때문이었다.

주치의는 검사 결과에 따르면 자율신경계의 균형 회복이 필요하다는 조언과 함께 몇 가지 처방을 해주었다.

'난 괜찮은데 굳이'라는 생각이 들었다. 하지만 내 몸은 퇴직 후의 심리적 변화를 스트레스 상황으로 인식하고 이미 반응을 보이고 있었다는 걸 깨달았다. 숙면을 취하지 못한 것도 자율신경계의 불균형 때문이었다.

퇴직은 본인의 의지와 상관없이 직장인들에게 큰 영향을 미치는 일이다. 퇴직을 예로 들었지만 이와 비슷한 환경 변화(예: 이사, 전근, 보직 이동, 이별 등)도 마찬가지이다.

환경이나 심리 변화로 겪게 될 몸의 변화를 인식하고 기민하게 대처하는 현명한 처신이 요구된다.

:: 인생 4막, 저속노화(Slow Aging)로 준비하기

세월에 따른 몸의 변화를 거부하기는 불가능하다. 몸의 변화를 무시하고 예전과 같은 생활 습관을 지속한다는 것은 어떤 의미일까. 몸의 입장에서 본다면 힘든 조건이 지속되는 상황이 될 것이다.

그러다 어느 순간 과부하를 견디지 못한 몸이 임계치를 벗어나는 상황을 맞이할 수도 있다. 일이 터진 후 예전의 상태로 몸을 다시 되돌리기 위해서는 많은 시간과 노력, 비용이 든다. 더욱이 원래대로 돌아온다는 보장도 없다.

나이 듦에 따른 몸의 변화는 당연하다. 우리가 할 수 있는 것은 몸의 변화를 가급적 늦추거나 서서히 진행되도록 관리하는 것이다. 이른바 '저속노화(Slow Aging)'이다.

최근 저속노화 식사법이 많은 이들의 관심을 끌고 있지만, 모든 이에게 맞는 일률적인 식사법은 존재하지 않고 존재할 수도 없다. 건강에 관해서는 귀가 얇은 분들이 많은 듯하다(사실 나도 그렇다).

맥락에 맞지 않는 단편적, 일반적인 건강 상식과 주위에서 들은 조언만으로 자신의 건강을 지키려는 것은 옳은 방법이 아니다. 소중한 나의 몸을 소홀히 대하는 것과 다를 바 없다. 자신에게 맞는 저속노화법은 스스로 찾아내야 한다.

나는 내게 맞다고 여겨지는 저속노화법을 꾸준히 이어오고 있다. 효과를 직접 체감하며 지속해 온 방법들은 다음과 같다.

- 자세와 운동 습관: 바른 자세 유지, 유산소 운동, 일상 속 근력 운동(아령, 악력기 사용, 발뒤꿈치 들기, 약식 스쿼트 등)
- 근육과 회복 관리: 에어 쿠션·폼 롤러 활용으로 근육통 예방 및 치료
- 이완과 정화: 반신욕, 사우나를 통한 내면의 안정과 노폐물 배출
- 영양 및 체중 관리: 탄수화물 섭취를 줄이고 단백질·지방 중심으로 균형 잡기, 적정 체중 유지
- 보충제 섭취: 비타민, 미네랄, 올리브 오일 등 기능의학적 보조제 활용
- 정기 건강 점검: 정기적으로 몸 상태를 확인하고 조기 대응

굳이 지면을 통해 소개하는 이유는 나의 저속노화법이 최고이고, 최선의 결과임을 알리기 위한 것이 아님은 물론이다.

단지, 내게 맞는 방안이고, 오랜 시간을 들여 찾은 것이며 나에게는 효과가 입증된, 나에게 특화된 것이라는 점을 예시로 들기 위해서이다.

자신만의 방법을 찾는 것이 중요하다(어느 정도의 노력 내지 경우에 따라서는 상당히 많은 시간과 노력이 필요할 수도 있다). 꾸준히 지속하는 것도 필요하다. 이 두 가지가 진정한 저속노화법이 아닐까 한다.

아울러, 몸이 신호를 보낼 때 재빨리 포착해야 한다. 시의적절하게 적절한 조치를 취할 수 있기 위해서다. 지금 몸은 내게 어떤 신호를 보

내고 있는가?

성찰 질문 -

- ☑ 내가 경험한 심리적 변화(퇴직, 환경 변화 등)가 내 몸에 어떤 영향을 주었는
  지 인식하고 있는가?
- ☑ 건강에 관한 정보, 조언을 선택하는 나만의 기준이 있는가?
- ☑ 몸의 변화나 경고 신호를 알아차리기 위해 내가 쉽게 실천할 수 있는 변화는
  무엇인가?

생산성 강박에서 벗어나기

뭔가를 하고 있지 않으면 허전하다. 일을 찾아 나선다.

하다못해 다이어리 정리라도 한다. 그러다 보면 할 일이 생각나기도 한다. 옳거니 하며 그 일을 어떻게 할지 계획을 세우며 공허함을 채운다. 예전보다는 덜 하지만 여전한 지금의 내 모습이다.

조직에 몸담고 있을 때는 일 고민은 필요 없었다. 일거리는 항상 넘쳤으니까.

남들은 일이 많다고 아우성이었지만 나는 예외였다. 빠른 출근은 당연했고, 야근을 밥 먹듯이 했다. 휴가는 아예 생각지도 않았다. 결혼 10주년 기념으로 해외여행을 다녀온 것이 그나마 기억에 남는 일이었다.

부서의 책임자급이 되면서 휴가도 갈 수 있게 되었다. 부서장이 안 가면 안 되기 때문이었다. 돌아보면 전형적인 '생산성 강박'에 빠진 모습이다.

30여 년간의 조직 생활을 마무리하고 퇴직하게 되었다.

천성이 어디 가겠는가. 집에 머무른다는 것은 생각지도 않았다. 지인의 도움을 얻어 그분의 사무실로 책상, PC 등을 옮기고, 퇴직 이튿

날부터 더부살이를 시작했다.

마침 모교에서 강의 제안도 들어왔다. 그즈음 회사에서도 연락이 왔다. 사내 코치를 해보지 않겠느냐는 제안이었다. 단번에 수락했다. 그게 무엇이든 해야 할 일이 있다는 게 중요했기 때문이다.

나의 세컨드 라이프는 그렇게 시작되었다.

학교 강의, 코치 자격 취득, 계열사 팀장 코칭, 이어지는 상위 코치 및 국제 코치 자격 취득 등으로 정말이지 할 일이 많아 행복한 시간이었다. 퇴직 후에도 왜 저러고 사는지 모르겠다며 아내가 고개를 가로젓곤 할 정도였다.

:: 생각의 전환

모든 위대한 이야기에는 전환의 순간이 등장한다. 전환의 순간은 변명을 만들어 내는 자가 아니라 길을 발견하는 자의 것이다.

– 세스 고딘

퇴직 이후 할 일의 목록이 더욱 중요해진 이유는 분명하다.

의무적으로 해야 할 일이 사라졌고, 일을 하지 않는 나 자신은 무위도식하는 사람으로 생각되었기 때문이다. 쓸모없는 사람으로 비치는 것이 싫었던 것일 게다.

그러다 우연히 『사막을 건너는 여섯 가지 방법』을 읽다 불현듯 "나는 지금 어디로 가고 있는 거지?"하는 생각이 들었다.

화두를 안고 있던 중 또 다른 책『핫 에이지, 마흔 이후 30년』을 읽고서는 여러 가지 고민이 생겼다.

과거에 일을 중요시하며 살아왔고, 일을 통해 나란 존재의 의미를 느껴왔다.

"일은 단순한 생존 수단이 아니라, 인간이 자신을 실현하고 세상과 상호작용하며 자아를 발견하는 방식"이다.

"일은 인간의 내면을 외면화시키고 외부를 내면화시키는 활동"이다.

일에 대한 나의 인식을 보여주고, 일에 대한 내 태도를 설명해 주는 글이다.

근데 새로운 고민이 생긴 것이다.

"일을 통한 세상과의 상호작용이 언제까지 지속 가능할 것인가", "앞으로 할 일의 목록이 점차 줄어들 수밖에 없을 텐데 어떻게 할 것인가"라는 고민이 그것이다.

"과연 지금 내게 필요한 것은 무엇일까?"

:: 하고 싶은 일을 한다는 것

당신 자신의 모습으로 사는 것이야말로 일생의 특권이다.

– 미국의 신화학자 조지프 캠벨

내겐 일이 필요했다. 일을 하며 충족감과 성취감을 느꼈다.

결과를 통해 나란 사람이 어떤 사람이라는 것을 보여줄 수 있었다. 일을 통해 성장해 가는 내 모습도 대견했고 주위의 기대에도 부응하는 것이었다.

지독하게 일한 결과 원하는 것은 가지게 되었다. 세속적인 의미의 작은 성공도 이루었으나 과거의 일이고 지금 내게 행복감을 주고 있지는 않다.

퇴직 후의 활발한 활동도 좋고 뿌듯하지만 거기까지다. 미래의 즐거움과 행복으로 연결이 될 것 같지는 않다.

그렇다면 나의 미래, 즐거움과 행복, 일은 어떤 관계여야 할까?

하고 싶은 일에 대해 생각이 미친 건 우연한 기회에 보게 내용을 다시 떠올리면서였다.

아마 많은 분들이 보셨음 직하다. 죽기 전에 후회하는 것, 죽기 전에 해야 할 일 등등.

처음 접했을 때는 그저 그러려니 하고 지나쳤지만 지금의 나와 앞으로의 나를 고민하는 순간 그 내용이 떠올랐다. 내용인즉슨 좀 더 돈을 벌고, 높은 지위에 오르고 하는 것이 아니었다. 하고 싶은 걸 하지 못했던 후회와 회한이 대부분이었다.

하고 싶은 일을 한다는 것은 과연 어떤 의미일까, 내가 진정으로 하고 싶은 일은 무엇일까?

지금껏 해야 할 일을 하며 살아왔다는 것을 알아차리게 되었다.
앞으로는 어떻게 해야 할까?

하고 싶은 일을 하고 싶고, 내가 진정 원하는 것이 무엇인지를 찾아보고, 원하는 것을 위해 살아가고 싶고, 그래야만 할 것 같았다.

깊숙한 '내면의 소리'를 듣게 된 것이다.

해야 할 일이 '가짜 노동'이라면, 하고 싶은 일이 내겐 '진짜 노동'이다(진짜 노동의 개념을 찾아보니 놀랍게도 『진짜 노동』이라는 한국어판 번역서가 있었다).

어디론가 나아가기 위해서는 '내가 무엇을 원하는가'란 질문이 필요하다. 그곳이 나침반이 가리키는 곳이다.

내가 원하는 곳으로 가기 위해서는 이제 지도를 그리기보다는 나침반이 가리키는 곳을 봐야 한다.

세스 고딘이 말했듯이 "나침반은 중요한 곳을 바라보는 방식이다."

:: 인생의 항로를 찾아서

인생에서 가장 중요한 일은 자신이 어디에 있는지 아는 것이 아니라, 어디로 가고 싶은지를 아는 것이다.

— 올리버 웬델 홈스

퇴직을 앞두고 있거나 이미 퇴직한 사람은 이제는 항구에서 닻을 내려야 할까, 아니면 새로운 항로를 찾아 다시 떠나야 할까.

떠난다면 어디로 가야 하는 것일까.

물론 닻을 내리고 싶은 이도 있을 것이고, 다시 떠나고 싶은 이도 있을 것이다.

나에게 물어본다. 대답은 "닻을 내리고 정박하기는…"이다. 하지만 가야 한다는 의무감에서 무작정 가고 싶지는 않다. 가는 것 자체에 의미를 두고 싶지도 않다. 가고 싶은 곳으로 가고 싶고, 너무 거친 풍파는 겪지 않으면서 여정을 즐기면서 가고 싶다.

그리하여 먼 훗날 마침내 도착한 그곳에서 이렇게 말하고 싶다. "마침내 내가 하고 싶은 일을 하며 원하는 곳으로 왔다, 나는 내 삶의 주인이었다"라고.

성찰 질문

✔ 아무 제한이 없다면, 지금 무엇을 하고 싶은가?

✔ 당장 실천할 수 있는 작은 변화는 무엇인가?

✔ 인생의 항로를 다시 설정한다면, 어디로 가고 싶은가?

내가 살아있다고 느끼게 하는 것

'정체감(正體感)' 없이는 살아있다는 느낌은 없다.

– 에릭슨

정체성이란 무엇일까.

캠브리지 영어사전에서는 identity를 'the things that make one person or group of people different from others'라 하고, 표준국어대 사전은 '변하지 아니하는 존재의 본질을 깨닫는 성질. 또는 그 성질을 가진 독립적 존재'로 정의한다.

정체성은 코치에게 익숙한 단어다. KCA(한국코치협회)와 ICF(국제코칭연맹)에서도 코칭 역량을 설명하며 정체성을 거론한다. 고객과의 '관계 구축'과 '성장 지원'을 위해 또 '신뢰와 안전감 조성' 및 '적극적 경청'을 위해 고객의 정체성을 고려해야 한다.

그렇다. 고객의 정체성이다.

고객이 어떤 사람인지, 어떤 가치관과 철학과 신념을 가지고 있는지를, 코치가 고객과 함께 탐색하는 것이 코칭의 본질이다.

코칭은 존재 방식이며, 집중해야 할 것은 문제가 아닌 사람을 코칭하는 것이다.

코칭의 초점은 행동을 바꾸기보다 정체성 수준에서 변화를 이루고자 하는 것이다.

나의 삶에 나의 고유함이 있다.

코치는 고객의 인생 이야기를 통해 고객이 잠시 멈추고 삶을 들여다보고 스스로의 고유함, 정체성을 볼 수 있도록 해야 한다.

이를 토대로 고객은 과거를 살아왔고 현재를 살아가며 그리고 앞으로 펼쳐질 미래를 살아가는 방향성과 힘을 찾을 수 있을 것이다.

"사람이 온다는 건 실은 어마어마한 일이다. 한 사람의 일생이 오기 때문이다." 정현종의 「방문객」이라는 시의 구절이다. 고객의 정체성 파악은 코칭할 때 고려해야 할 주요 요소이지만, 코치 스스로에게도 당연히 필요하고 해당하는 이야기이다. 진정한 스토리의 힘은 대상을 가리지 않는다.

:: 인생 이야기와 정체성

자신이 되는 것, 그것이 인생의 가장 어려운 일이다.

– 에드워드 에스틀린 커밍스

나의 정체성은 무엇이고, 나를 아는 것은 왜 필요하며 어떻게 도움이 될까.

개인을 이해하기 위해서는 성격적 특질(traits), 개인적 적응(personal

adaptations), 인생 이야기(life stories)를 알아야 한다. 서사 정체성(Narrative Identity)의 창시자 댄 맥아담스의 말이다.

특히 인생 이야기는 정체성을 형성하고, 개인의 삶에 의미와 목적을 부여하는 데 중요한 역할을 한다고 한다. 인생 이야기는 현재의 자신이 과거의 자신과 미래의 자신을 이야기를 통해 엮어내는 것이다. 앞으로 자신이 살아갈 방향성을 제시할 수 있고 삶을 밀고 나가는 큰 원동력이 된다.

같은 맥락에서 정체성은 인간의 현재와 과거에 작용할 뿐만 아니라 미래에 자신을 투사하는데도 작용한다. 우리 자신이 되게 하는 '소명 의식'은 정체성 문제에 다층적으로 개입한다.

나의 정체성을 생각해 본다.

나는 과연 어떤 사람인가? 쉽게 답하기가 어렵다. 나의 인생을 돌아본다. 내 삶을 통해 발견할 수 있는 나의 모습은 어떤가.

크게 굴곡진 삶을 살아오진 않은 것 같지만, 대학 입학 후 적성에 맞지 않는 학과란 판단에 두 달여 만에 휴학하고 재수의 길로 들어선 것이 우선 떠오른다. 첫 직장의 미래가 불투명하여 1년여 만에 그만둔 것은 현재의 나를 있게 한 결정적 장면이었다.

두 개의 장면에 묘하게 겹쳐 보이는 부분이 있긴 하다. 한편으론 일을 통해 세상과 연결되었고 일이 나에게 주는 보답과 성취감과 만족감이 매우 크며, 일을 할 때 즐겁고 에너지가 올라간다.

또 물어본다. 내가 중요하게 생각하는 것들은 무엇인가? 그것들이 내 삶에 어떤 힘이 되고, 어떻게 작용하고 있는가?

진정성을 갖추려는 노력, 다수보다는 비교적 소수의 사람들과 맺는 깊고 의미 있는 관계, 실패와 두려움에도 불구하고 앞으로 나아가는 힘, 내면의 평화를 찾을 수 있는 심리적, 물리적 공간이라는 요소들은 각기 다른 방식으로 내 삶을 유의미하게 만들고 있다.

이 원동력은 내가 매일 마주하는 소소하거나 거대한 도전들을 극복하게 한다.

내 삶을 보다 풍요롭고 의미 있게 만드는 데 도움을 준다.

내가 살아있다고 느끼게 하는 것들이다.

:: 정체성의 3가지 차원

진정한 자아는 찾는 것이 아니라 만들어가는 것이다.

– 조지 버나드 쇼

정체성은 (자신을 향한) 자기 인식, (타인에 의한) 명명, (타인을 향한) 소개의 3차원이다. 나탈리 하이니히의 말이다.

스스로 인식하고, 스스로 소개하고 타인에 의해 되돌아오는 것으로 정체성을 정의한다. 세 가지가 일치할 때 존재의 행복, 이상, 사회적 삶을 지탱하는 기본 역량이 된다. 불균형적일 때 긴장, 고통, 분쟁의 원천이 되는 정체성 위기가 찾아온다.

다른 사람들은 나를 어떤 사람으로 인식할까. 가끔 궁금하긴 했지만 알 수 없었다. 간간이 들려온 나에 대한 이야기의 파편들이 있긴 하지만, 형체를 알 수 있을 정도의 모습으로 맞춰지지는 않는다. 나를 다른 사람에게 알릴 땐 나의 이력과 했던 일, 지금 하는 일을 위주로 했었다. 과연 그것이 나인가, 나의 진짜 모습인가.

내가 생각하는 나, 다른 사람이 생각하는 나, 다른 사람에게 알리는 나는 결국 나란 하나의 존재이다.

세 가지 차원의 나는 과연 같은 모습인가, 다른 모습인가?

:: 자아정체성의 통합

완전한 삶이란 모든 것을 경험하고 모든 것을 수용하는 것이다.

– 오스카 와일드

인간은 생애 전반에 걸쳐 심리사회적 측면의 정체성 위기를 해결하면서 자아정체성을 '형성'해 나간다. 에릭슨이 '심리사회적 발달 단계' 이론에서 한 말이다.

성인 후기(노년기)에는 자아정체성을 '통합'한다. 지금까지 살아온 삶의 단계별 성취를 회고하며, 의미 있고 성공적인 경험과 실패, 좌절과 고통스러운 경험을 두루 수용한다. 성인 후기의 특징은 삶의 질서와 의미에 대한 믿음, 정서적 안정성이 특징인데, 소멸기가 아니라 또 다른 활동기라 할 수 있다.

통합에 실패하게 되면 어떻게 될까.

'절망'을 느끼게 되고, 자신의 운명과 죽음을 잘 받아들이지 못한다. 즉 삶을 새로운 관점에서 바라보고 평가할 수 없는 것이다. '절망'은 관습, 인간, 그리고 자신에 대한 혐오, 기쁨을 느끼지 못하는 형태로 나타난다.

나는 과연 정체성의 통합을 이루어 가고 있는가.

나는 오랜 지식의 축적을 통해 무르익은 여유로운 재치, 성숙한 판단력, 수용과 이해를 갖추고 있는가.

나는 나의 운명과 다가올 죽음을 받아들이는가.

정체성을 찾는 이 여정은 결국 코칭의 본질과 만난다.

고객에게 "당신은 어떤 사람입니까?"라고 묻기 전에, 코치인 나 자신이 먼저 이 질문과 씨름해야 한다. 에릭슨의 말처럼 "정체감(正體感) 없이는 살아있다는 느낌은 없다." 코치와 고객 모두에게 정체성 탐색은 단순한 자기 탐구가 아니라, 살아있음을 느끼는 핵심 과정이다.

정체성은 '완성'되는 것이 아니라 계속 '형성'되어 가는 것이다. 나는 아직 답을 찾지 못했지만, 이 질문들을 던지고 탐색하며 나 자신과의 대화를 통해 '더 온전한 나'를 만들어 가고 있다. 완전한 통합이 아니더라도, 이 불완전함 속에서 앞으로 나아가고 있는 여정 자체가 나에게는 또 하나의 원동력이 되고 있다.

성찰 질문 --

- ☑ 현재의 나에 이르게 된 결정적인 장면은 무엇인가?
- ☑ 정체성의 3가지 차원에서 나는 어떤 모습인가?
- ☑ 나를 살아있다고 느끼게 하는 것은 무엇인가?

죽음을 마주하는 새로운 관점

:: 죽음에 대한 나의 인식 살펴보기

죽음은 삶의 반대가 아니라 삶의 일부이다.

– 무라카미 하루키

사람이 죽으면 어떻게 될까. 죽음 이후에는 아무것도 없다는 우리의 통념에 경종을 울리는 학자가 있다.

'죽음은 끝이 아니라 다른 차원으로의 이동'이라는 것이다. 세계적인 죽음학자인 엘리자베스 퀴블러 로스가 『사후생(死後生)』에서 한 말이다. 『사후생』은 근사체험(近死體驗)을 한 사람들의 증언을 분석한 책으로, 세계적인 베스트 셀러이다.

서울대 의대 정현채 교수는 환자들과 부모님, 친척의 죽음을 지켜보며, '나는 죽으면 어떻게 될까'라는 생각에 불면증과 공포로 고통을 겪고 있었다. 그때 아내가 건네준 『사후생』을 읽고 고통에서 벗어날 수 있었다고 한다. 그는 많은 환자들도 그 책으로 격려했다.

"사후에도 사람의 의식은 또렷이 유지된다는 사실을 새롭게 알게 되었다. 그 경이로움이 삶의 시각을 완전히 바꿔 놓았다." 정현채 교수의 말이다. 강한 호기심이 생겼다.

사실 의사들은 유물론과 실증주의에 입각한 과학교육을 받는다. 눈에 보이지 않는 현상은 인정하지 않는다. 그런데 과학적 사고방식에 철저한 국내외 저명한 의사들이, 죽음 너머의 세계에 관해 글을 썼다. 특히 『사후생』이 오랜 기간 꾸준히 읽히고 있다는 것은 무얼 의미할까.

:: 죽음을 보는 일반적 관점

과학 없는 종교는 맹목이고, 종교 없는 과학은 절름발이다.

― 아인슈타인

죽음이란 무엇일까. 사전을 펼쳐 들었다.

캠브리지 영어사전의 정의는 간명하다. end of life. 표준국어대사전도 별반 다르지 않다. 죽는 일. 생물의 생명이 없어지는 현상. 결국 삶과 생명의 소멸이 죽음이라는 것이다.

내가 원하는 죽음의 정의는 이런 사전적 정의는 당연히 아니다.

통상 죽음을 보는 관점은 두 가지 시각으로 나뉜다. 종교적 관점과 과학적 관점이다. 종교에서의 죽음은 사후 세계를 염두에 두므로 멈춤 나아가 소멸의 의미는 아니다. 과학적 사고방식의 죽음은 사전적 정의와 대체로 일치한다. 하지만 종교인이라고 해서 모두가 사후 세계를 받아들이는 것은 아닐 것이다. 과학자 내지 과학적 기반의 사고를 하는 사람이라고 해서 모두가 사후 세계를 부정하는 것만도 아니다.

종교적 관점에서는 사후 세계를 믿고 싶지만 실체적 증거의 부족으로 망설이게 된다(사실 유물론적 관점의 과학적 사고방식이란 것이 현대인에게 또 하나의 종교가 되어버렸을 수도 있다).

과학적 사고의 기반하에서 사후 세계는 존재할 수 없다. 하지만 죽음 너머의 세계에 대한 넘쳐나는 실증적 증거로 인해 마냥 아니라고 도리질 하기만도 어려운 것 또한 현실이다. 종교와 과학이 만나는, 교차하는 지점은 없는가.

:: 죽음의 본질

인간은 죽음을 생각할 수 있는 유일한 동물이며, 그렇기 때문에
살아갈 이유를 찾는 유일한 동물이다.

– 윌리엄 포크너

죽음은 언제나 우리 곁에 머물러왔고, 종교, 철학, 문학, 미술, 음악의 소재가 되어 왔다. 역사 이래 어쩌면 그전에도 죽음의 의미와 비밀을 밝히려는 노력이 이어져 왔다.

누구에게나 어김없이 닥쳐오는 것이라는 점만으로 죽음을 마냥 무시할 수만은 없다. 인간은 생물학적 존재이기에 죽음 앞에서는 두려움, 공포를 느끼게 되며, 때로 그 이상의 의미를 가져온다.

죽음과 관련한 현대적 고전이자 퓰리처 수상작인 『죽음의 부정』에서 어네스트 베커는 말했다.

"죽음에 대한 생각, 죽음에 대한 공포는 인간이라는 동물을 따라다니며 끊임없이 괴롭힐 뿐만 아니라, 인간행위의 주요 동기라는 것 그 이상이다."

이는 죽음이 인간의 개별 행위 동기를 넘어 인간 존재 전체(심리. 문화. 사회 구조. 문명)의 핵심적 기반임을 뜻하는 것으로 해석된다. 죽음의 본질적인 의미를 잘 보여주는 말이다.

:: 또 다른 죽음, 직업적 죽음

모든 끝은 새로운 시작이다.   – T.S. 엘리엇

나는 몇 년 전 '직업적 삶'을 내려놓았다. 자의가 아니라 타의에 의해서였다. '직업의 죽음'을 경험하며, 많은 이들이 그러했듯 '나는 누구인가'라는 정체성 혼란과 스트레스를 겪어야 했다.

지금은 제2의 직업적 삶을 시작한 상태이다. 한 상황에서 죽음을 맞고 고통을 겪은 뒤 다시 새로운 직업으로 부활한 것이다.

달라진 점이 있다면 제1직업이 내가 하고 싶은 일이 아니었다면, 제2직업은 내가 하고 싶은 일이다. 거기에 일의 의미까지 결합되어 만족감을 주고 있다는 사실이다.

"당신은 지금 절벽 끝에 서 있다.

당신이 지금까지 쌓아 올린 것 그리고 '나는 누구인가'라는 질문에 답을 주는 직업적 삶을 내려놓을 순간이다.

당신이 절벽에서 뛰어내리게 되면 직업적 삶은 끝나게 된다.

직업적 죽음이 찾아온다.

그러나, 바로 그 순간, '전환'이 일어나고 당신은 자유로워질 수 있다." 아스 브룩스의 말이다.

:: 죽음 그리고 성장

인생의 목적은 성장하는 것이며, 성장의 목적은 기여하는 것이다.

– 앤서니 로빈스

성장이란 앞의 '직업적 죽음'처럼 한 상황에서 죽음을 맞고 고통을 겪은 뒤 새로운 상황을 맞이하는 것이다. 그렇다면, 인간은 선택의 순간마다 '죽고' 또 한 번 '성장'할 수 있을 것이다. 심지어 '죽음 또는 죽어감'의 시간에도 성장할 수 있다.

톨스토이는 『이반 일리치의 죽음』에서 주인공인 이반이 죽어가면서 겪는 변화와 깨달음을 전해 준다. 인생을 잘못 살았다는 후회와 더불어, 임종의 순간까지 이를 바로 잡으려 하는 주인공의 모습을 생생하게 묘사하고 있다.

낡은 방식, 습관, 관점을 버리는 것은 곧 죽음이다. 고통과 번민의 과정을 거쳐 새로운 방식, 태도, 시각을 갖추는 것은 성장이다. 인간에게는 탄생의 순간부터 마지막 순간까지 성장의 가능성은 열려 있다.

한 세기를 넘어 살며 아직도 왕성히 활동 중인 老철학자가 있다. 김형석 연세대 명예교수이다. 그는 행복한 100세를 위한 조건으로 '성장을 위한 노력'을 꼽았다. "성장하는 동안엔 늙지 않는다"고 한다. 공부를 계속하고, 감성을 젊게 유지할 것을 당부한다.

죽음 이후의 순간에도 인간의 성장은 계속될 수 있을 것인가. "죽음에 대해서 새로운 정의가 필요하며, 육체의 죽음을 초월한 영역까지 발을 들여놓아야 한다. 죽음의 경험에는 고통도 두려움도 불안도 슬픔도 없다. 다만 나비로 탈바꿈해 갈 때의 따스함과 평온이 있을 뿐이다." 『사후생』의 저자 엘리자베스 퀴블로의 말이다.

:: 죽음과 삶의 공생(共生)

죽음을 멀리하거나 잊으려 애쓰다 보면, 죽음을 얼마나 생각하고 있는지 깨닫게 된다. 죽음을 부인하려는, 멀리하려는 몸짓이 오히려 죽음을 더 선명하게 만든다.

부재가 존재를 증명하듯, 죽음은 삶을 증명한다.

죽음을 잊었다는 증명은 선언이나 생각만으로는 되지 않는다. 행동으로 해야 한다. 삶을 의미 있고, 충만한 이야기로 채워나가는 것이 그것이다.

:: 죽음을 대하는 자세

존재의 지속성을 깨닫는 순간 현재의 삶은 가치 있는 것이 된다.

– 릴리언 휘팅

죽음은 삶의 다른 표현이다. 죽음은 삶이란 문으로 들어가는 열쇠이자, 삶을 지탱하는 원동력이다. 인간 존재의 유한함을 받아들이면, 삶의 매일 매일에 몰두하는 힘과 용기를 찾을 수 있다.

죽음은 삶의 문제이기도 하고 존재의 문제이기도 하다. 죽음을 바라보는 인식이 어떠냐에 따라 결국 삶을 대하는 태도와 자세가 결정된다. 자신의 실존적 문제와도 연결된다.

육체와 분리된 그 무엇(영혼)이 존재하는가. 그렇다면 인간의 성장은 이승에서 끝나지 않고 '또 다른 어느 곳'에서 계속될 수 있다. '또 다른 곳'에 대한 관심은 인식의 지평이 확장되는 계기가 될 수 있다. 그런 의미에서 나에게 죽음은 이제 '소멸'이 아니라 '전환'의 모습에 더 가깝다.

결국 죽음을 어떤 시각으로 보고, 어떤 의미를 부여할 것인가 하는 것은 본인의 선택이다. 행동의 결정 및 결과도 오롯이 본인의 몫이다. 결과는 나 자신과 세상과 우주를 바라보는 인식이다. 삶의 태도와 자세, 삶의 방식이다.

"인간 존재의 아이러니는 늘 죽음을 등에 지고 살아간다는 것이다. 우리는 그동안 삶이라는 눈앞에 펼쳐진 방향만을 보고 걷느라 등짝까지 살펴볼 기회를 얻지 못했는지도 모른다."

죽은 자의 집을 청소하는 김완의 말이다.

성찰 질문

- ☑ '직업적 정체성'이 사라진다면 나는 누구인가?
- ☑ 내일이 마지막 날이라면 나는 무엇을 할 것인가?
- ☑ 죽음 이후에도 내 의식이 남는다면, 앞으로 달라질 것이 있는가?

삶의 의미를 찾아서

우리는 어디에서 왔는가? 우리는 무엇인가? 우리는 어디로 가는
가? (D'où venons-nous? Que sommes-nous? Où allons-nous?)

— 폴 고갱

산다는 것은 무엇인가? 하루하루 살아가느라 바쁜 현대인에게 이
질문은 가혹하다. 여러 가지를 생각하게 만드는 질문이지만 상념에 빠
지기엔 마음이 바쁘다. 하지만 다행이랄까, 나는 이 문제에 관한 글을
쓰니 시간이 걸리더라도 생각을 해야 한다.

질문만이 꼬리에 꼬리를 물고 이어질 뿐 답이라고 여겨지는 그 무엇
은 떠오르지 않는다. 난감함이 오래도록 나를 괴롭힌다.

의미를 찾으려는 인간의 노력이 '긴장'을 불러일으킨다는 말이 사실
인 듯하다.

:: 삶의 의미를 바라보는 시선

삶의 의미라고 할 때 의미는, 삶이라는 단어가 덧대어져 있어서인지
다소 무겁게 다가온다.

의미를 연구한 학자들은, '의미의 의미'는 크게 중요성, 유용성, 이해, 정체성의 네 가지로 나눌 수 있다고 한다.

의미의 의미를 찾는 학자들을 보면서 의미를 향한 인간의 의지가 느껴져 경외스럽기까지 하다.

미국 퓨리서치센터(Pew Research Center)는 조사(2021년 기준, 선진 17개국 대상) 결과를 발표했다. '삶에 의미를 주는 요소는 무엇인가(What aspects of your life do you currently find meaningful, fulfilling or satisfying?)'에 대한 것이다.

세계 각지의 사람들이 가장 중요하게 여긴 것은 가족이었다. 그 밖에 직업, 물질적 풍요, 친구 및 공동체, 건강, 자유/자율성, 신앙/영성 등을 꼽았다.

이 조사에서 한국인들의 응답은 평균적인 시각과는 다소 달랐다. 1 순위로 꼽은 것은 물질적 풍요였고, 건강, 가족 등이 뒤를 이었다.

뿐만 아니라 가족을 언급한 비율이 비교적 낮고, 응답자의 62%가 다양한 요소가 아니라 단 하나의 요소만을 언급하였다는 것도 특징적인 모습이다.

인간이 살아가는 데 돈과 물질적 요소는 필수적이다. 돈을 많이 벌어 부자가 되고 싶은 마음은 대부분이 가지고 있는 욕망이기도 하다. 한국인들이 너무나 솔직하게 대답한 것인가, 물질적 풍요를 우선할 수밖에 없는 사회적 구조의 단면을 보여준 것인가. 같은 나라, 시대를 살고 있는 한 사람으로서 생각이 복잡해진다.

:: 의미 부여의 주체

사람은 내면의 힘에 의해 동기화되고 스스로를 통제한다고 한다. 외부의 상황 때문에 통제되는 것이 아니라는 것이다. 통제이론의 대가인 윌리엄 글래서의 말이다.

심지어 불행도 본인이 선택한 결과이다.

처음 접했을 때는 지나친 생각이라 여겼다. 그의 사상을 좀 더 알아보면서 사고의 깊이에 놀라는 한편 상당 부분 공감하게 되었다.

인간이 자기 자신의 길을 선택할 수 있는 자유는 누구도 빼앗아 갈 수 없다. 자기 인생의 의미 부여도 결국 스스로가 하는 것이다.

:: 삶의 의미는 무엇으로 이루어지는가

오스트리아에서 태어나 정신과 의사로 일하다 아우슈비츠에 수감되어 극한의 공포를 일상적으로 경험했던 사람이 있다. 빅터 프랭클이다. 그는 거기서도 삶의 의미를 찾고자 했다.

그는 삶의 의미를 '일, 사랑, 시련'에서 찾을 수 있다고 한다. 특히 인간 도살장이라 불리는 아우슈비츠 수용소에서 마주한 죽음의 시련에서도 자신의 태도를 선택할 수 있음을 이론이 아니라 경험을 토대로 보여준다.

와튼스쿨 인생 특강으로 유명한 스튜어트 프리드먼은 삶을 일, 가정, 공동체, 자기 자신의 네 영역으로 구분하였다.

내 가치관과 내가 중요하게 생각하는 것이 네 가지 영역에서 어떤 모습을 보이는가를 그려보자. 중요도와 영역 간 조화를 고려하면서 말이다.

그렇게 하면, 자신이 추구하는 이상적인 모습과 현재 상황이 비교가 된다. 앞으로의 방향성에 대해 생각이 떠오른다는 것이다.

:: 의미의 부존재

인간의 뇌는 목적 없는 삶을 견딜 수 없다.   – 에릭 클링거

칼라하리 사막의 부시맨들에게는 두 가지 갈망이 있다. 배를 채우고 싶은 작은 갈망(little hunger)과 의미에 대한 갈망인 큰 갈망(great hunger)이 그것이다.

인간을 비통하게 만드는 것은 단 한 가지, 의미 없는 삶(a life without meaning)을 강요받는 것이다. 영국 찰스 3세 국왕의 정신적 스승이기도 했던 로렌스 반 데어 포스트의 말이다.

사람들과의 대화 중에 가끔 내뱉던 "아~무 의미 없다"(아를 길게 발음해야 한다)라는 말이 떠오른다.

모든 것에는 의미가 필요하며, 나 또한 의미를 추구하는 인간이라는 것을 나는 이미 깨닫고 있었던 것인가.

아니면 에릭 클링거의 말처럼 나도 인간이니 의미를 추구하도록 설계되어 있는 것일까.

:: 내 삶의 의미

삶에는 자기 자신이 부여하는 의미 이외에는 아무런 의미가 없다.

– 에리히 프롬

내 삶의 의미는 어떤가.

현재까지는 잘 살아오고 있다는 생각이 들자마자 잘 산다는 것은 무엇인가 하는 생각이 바로 이어졌다. 또 앞으로는 어떨 것인가 하는 문제도 동시에 떠올리게 되었다.

결국 인생의 의미를 어디에 둘 것인가 하는 문제이고 이것부터 먼저 규명해 봐야 할 것 같다.

잘 살아왔다는 것은 일, 사랑, 시련의 면에서, 그에 더하여 가정, 공동체, 자기 자신의 면에서는 어떠하며, 앞으로는 어떻게 하면 계속 잘 살아가게 될 것인가 하는 방향성의 문제도 함께 찾아봐야 할 듯하다.

결국 내 삶의 기준을 어디에 둘 것인가 하는 문제는 스스로의 판단과 기준이다. 그것이 본인의 삶의 태도와 방식, 나아가 삶의 질을 좌우하게 된다.

슈바이처가 말했듯이 "삶을 바라보는 인간의 방식은 그의 운명을 결정하는 것이다."

20세기 가장 위대한 철학자로 꼽히는 이는 버트런트 러셀이다.

사후 20여 년 뒤에 발표된 마지막 원고는 한 장짜리 에세이로 제목이 없다. 1967이라는 연도 표기와 함께 이렇게 시작한다.

"내 삶 전체를 돌아보면서 그 삶이 유용한 목적에 기여했는지 혹은 온통 부질없는 짓에 매달렸는지 물을 때가 왔다. 안타까운 일이지만, 미래를 모르는 사람은 대답할 수 없다."

우리가 궁금해하는 질문에 대한 답이 서양 문명의 위대한 사상가의 펜에서도 나오지 않았다. 미래를 모르기 때문이라는 것이다.

톨스토이가 묘사한 『이반 일리치의 죽음』에서처럼 러셀은 임종을 앞두고는 답을 찾았을지 궁금해진다.

나는 누구인가?
나는 어떤 존재인가?
인생에서 무엇을 해야 하는가?
이 세 가지는
우리 모두가 인생의 길에서 던져야 할 질문이다.

– 레프 톨스토이

성찰 질문

☑ 내가 소중히 여기는 가치는 무엇인가?
☑ 지금 하는 일에서 나는 어떤 의미를 느끼고 있는가?
☑ 내가 남기고 싶은 흔적은 무엇인가?

참고문헌

- 고정연 외 (2025). 『리더에서 코치로』 서울.
- 김덕수 (2022). 『기능의학을 알면 건강이 보인다』 서울.
- 데이비드 펄머터. 『그레인 브레인』 김성훈 역. 시공사, 2023.
- 마샤 레이놀즈 (2020/국내출간 2023). 『문제가 아니라 사람에 주목하라』 박정영 외 역. 서울.
- 박선웅 (2020). 『정체성의 심리학』 서울.
- 빅터 프랭클 (2005). 『죽음의 수용소에서』 이시형 역. 서울.
- 스튜어트 프리드먼 (2008/국내출간 2015). 『와튼스쿨 인생특강』 홍대운 역. 서울.
- 아서 브룩스 (2022/국내출간 2024). 『인생의 오후를 즐기는 최소한의 지혜』 강성실 역. 서울.
- 어네스트 베커 (1973/국내출간 2008). 『죽음의 부정』 김재영 역. 서울.
- 위리엄 글래서 (1984/국내출간 1995). 『당신의 삶은 누가 통제하는가』 김인자 역. 서울.
- 정현채 (2021). 『우리는 왜 죽음을 두려워할 필요 없는가』 서울.
- 존 휘트모어 (2020). 『성과 향상을 위한 코칭 리더십』
- 황성혁·이영훈 (2023). 『잠든 당신의 뇌를 깨워라』 서울.

당신은 인생 사막에서 무엇을 남기고 싶은가?
– 김정기

HRM와 HRD를 잇는 '커리어 브릿지(Career Bridge)'. 현재 인빌드컨설팅 대표 경영지도사(인사관리)로서 오리온 그룹에 입사하여 인재경영팀장 성과혁신팀장 인사팀장을 역임하면서 HRM HRD 분야에서 직무성과급, 성과관리, 역량모델링 등 인적자원 관리와 개발에 있어 폭넓은 경험을 쌓았다. 2018년부터는 한국 경영인증원 전문위원으로 활동하며 강의, 인증심사, 컨설팅 업무를 수행하고 있다.

공정채용인증심사, 공정채용컨설팅. 채용면접관교육, 직무분석, 직무급 설계 등 직무성과중심 인사제도를 전파하는 데 주력하고 있다.

고유의 목소리를 따라 걸으며

책을 덮는 순간, 나는 마치 오랜 사막을 함께 걸어온 동행자가 된 듯한 기분이 들었다.

이 책은 한 명의 저자가 쓴 이야기가 아니다. 여러 명의 저자가, 각자의 자리에서 경험한 삶의 전환과 고민, 성장과 충만을 나누었다. 각 장은 저자의 경험이 담긴 이야기로 시작했지만, 그 울림은 결국 독자의 삶으로 번져나간다.

나는 제3자의 시선으로 이 글들을 읽었다. 마치 강연장을 찾은 청중처럼, 혹은 고백을 전해 듣는 친구처럼, 때로는 깊은 사색 속에 빠진 동료처럼.

그리고 깨달았다. 저마다의 이야기는 다르지만, 결국 모든 사람은 자신만의 사막을 걷고 있다는 것을.

사막은 넘어야 할 절벽이다. 그것은 고독, 불안, 실패, 건강의 위기, 정체성의 혼란으로 다가온다. 그러나 동시에 사막은 정화의 공간이다. 불필요한 것을 내려놓고, 필요한 것만 남기게 한다.

저자들은 각자의 사막을 건너며 배움과 균형, 전환과 충만을 이야기했다. 그리고 나는 그 이야기를 통해 내 삶을 되돌아보았다.

:: 1막 배움의 미학 Learning

| 진짜 길은 내 안에서 시작된다.

장혜인 저자의 글을 읽으며 가장 먼저 떠오른 문장은 "진짜 길은 언제나 밖이 아니라 내 안에서 시작된다"는 구절이었다. 우리는 흔히 인생의 해답을 외부에서 찾으려 한다. 좋은 학교, 안정된 직장, 사회적 지위와 성취가 안전하고 합리적으로 보이기 때문이다. 그러나 저자는 그 길이 영혼을 채우지 못하며 결국 마지막 순간에는 후회로 남는다고 말한다. 나 역시 이 문장 앞에서 멈춰 섰다. 내 삶에서도 다른 사람의 기준을 따라가느라 스스로를 잃어버린 시간이 적지 않았기 때문이다.

나는 오랫동안 조직 안에서 성과를 내고 승진을 목표로 달려왔다. 남들이 부러워하는 자리에 오르기도 했지만, 그 길이 진정 나를 행복하게 만들지는 않았다. 어느 순간 "나는 누구인가"라는 질문 앞에서 길을 잃었고, 사회적 지위와 성취가 내 정체성의 전부라 믿었던 시절에는 작은 흔들림에도 쉽게 무너졌던 기억이 있다. 저자가 소개한 여행자들의 우화가 특히 마음을 울렸다. 다섯 명의 여행자가 각자 다른 방향으로 나아갔지만 결국 어느 누구도 틀린 길을 걷고 있었던 것은 아니라는 이야기였다. 그 구절을 읽으며 깨달았다. 나 또한 다른 이와 비교하며 정답을 찾으려 애썼지만, 결국 중요한 것은 나만의 나침반을 따라가는 용기라는 사실이었다.

또 하나 깊이 다가온 메시지는 "스스로를 믿지 않으면 어떤 기적도 일어나지 않는다"는 말이었다. 나는 직장인에서 컨설턴트로 전환하는 시기에 큰 흔들림을 겪었다. "과연 잘할 수 있을까? 내가 선택한 길이 맞는 걸까?"라는 의심이 몰려왔고, 작은 말 한마디에도 쉽게 흔들렸다. 그러나 결국 중심을 지키는 힘은 자기 이해에서 비롯되었다. 저자가 강조했듯 "나는 누구인가"라는 질문은 인생 전체를 관통하는 물음이다. 나 역시 퇴직 후 이 질문 앞에 섰고, 직함과 역할이 사라진 자리에서 진짜 나를 다시 묻지 않을 수 없었다. 그 과정에서 발견한 것은 성취나 지위가 아니라 "사람을 돕고 싶다"는 본질적인 열망이었다.

실패를 스승으로 바라보는 저자의 시선 또한 인상 깊었다. 그는 가수이자 변호사인 이소은의 이야기를 통해 실패를 축하하는 태도의 중요성을 전한다. 실패를 삶의 낙인이 아니라 더 큰 성장을 위한 밑거름으로 바라보는 태도는 내 경험과도 겹쳐졌다. 컨설턴트로 독립한 이후 수많은 제안서가 채택되지 않았고 진행하던 프로젝트가 무산된 적도 있었다. 당시에는 쓰라린 좌절이었으나 시간이 지나고 나니 그 경험이 나를 단단하게 만들었음을 알게 되었다. 실패는 나를 무너뜨린 것이 아니라 더 큰 길로 나아가게 한 스승이었다. 결국 실패를 두려워하지 않는 순간, 진짜 배움이 시작된다.

이 글은 내게 다시금 근본적인 질문을 던진다.

나는 누구인가? 정체성은 고정된 답안지가 아니라 삶 속에서 계속 새롭게 빚어지는 그림이다. 나의 가치, 태도, 관계, 꿈이 얽혀 매일 새로운 나를 만들어 간다. 나는 이제야 조금은 확신을 갖고 말할 수 있다. 나는 경영지도사이자 컨설턴트이며 동시에 글을 쓰고 사람들의 삶을 응원하는 사람이다. 역할은 바뀌더라도 그 속에서 드러나는 본질은 변하지 않는다. 그것이 나의 정체성이다.

나는 독자에게도 묻고 싶다.
지금 당신은 누구의 길을 걷고 있는가?
사회의 기준과 타인의 기대에 맞추느라 당신 안의 목소리를 잃어버리지는 않았는가?
지금 이 순간, 당신이 진짜 원하는 삶은 무엇인가?
장혜인의 글은 우리에게 묻는다. 인생의 나침반을 누구에게 맡길 것인가? 나는 이제라도 내 안의 길을 따르려 한다. 실패와 흔들림, 두려움이 있더라도 그것이 나만의 길이라면 그것으로 충분하다.

나는 이 글을 읽고 깨달았다. 배움은 단순한 지식이 아니라 나를 알아가고 나답게 살아가도록 돕는 과정이라는 것을. 그리고 진짜 길은 언제나 내 안에서 시작된다는 것을. 나 역시 여전히 배우고 있다. 실패를 통해 배우고, 흔들림 속에서 중심을 찾으며, 두려움을 넘어 용기를 선택하는 법을 배우고 있다. 그 배움이 나를 더 단단하게, 더 나답게 만들어 가고 있다. 내 안의 목소리를 따르는 삶, 그것이야말로 후회 없는 길이다. 독자 여러분도 용기 내어 자신만의 길을 떠나길 바란다. 그 길은 이미 당신 안에 있기 때문이다.

| 지도가 있어도 길을 잃다.

이지현 저자의 글은 '지도'라는 익숙한 도구를 통해 삶의 진실을 비춘다. 어느 날 문득 훌쩍 떠나고 싶을 때, 우리는 본능처럼 지도를 챙긴다. 두꺼운 지도책이든 손바닥 안의 앱이든, 지도는 내가 어디에 있는지와 목적지까지의 거리를 알려주는 가장 확실한 안내처럼 보인다. 누군가가 산을 넘고 바다를 건너며 남긴 기록이라는 점에서, 지도는 여행의 필수품이자 일종의 '정답'처럼 주어지기도 한다.

하지만 저자는 말레이시아 말라카에서 버스터미널을 찾지 못해 헤매던 경험을 들려주며, 결정적인 역설을 보여준다. 지도가 있었는데도 길을 잃었다. 한 아이의 "어디를 가세요?"라는 질문과 짧은 안내로 길을 찾아낸 순간, 지도는 정보일 뿐 현실은 훨씬 살아있다는 사실이 또렷해진다. 길은 종종 사람과 감각, 현장의 숨결 속에서 다시 만들어진다.

이 글에서 지도는 단지 여행 도구가 아니다. 삶에서도 지도는 여러 모습으로 주어진다. 부모의 사랑, 선배의 조언, 사회가 권하는 정답들. 그것들은 어느 정도 유용했지만, 어느 순간부터는 엉뚱한 곳으로 안내하거나 나를 벼랑 끝으로 몰아붙이기도 한다. 그 지도 속 길은 '그들의 길'이었을 뿐, 결국 나에게는 나만의 지도가 필요했다는 고백은 인생 4막의 본질을 건드린다. 내가 원하는 지도는 펄떡거리며 살아있는 세상을 담고 있어야 한다. 푸르게 반짝이는 산과 바다로 나아가는 강, 바람이 만들어내는 모래언덕처럼, 삶은 고정된 선이 아니라 움직이며 변하는 세계이기 때문이다.

저자의 시선은 마침내 '사막'으로 향한다. 앞으로 가야 할 길이 지도에 담기지 않는 사막 같을 때가 있다. 얼마나 가야 하는지, 저 모래언덕 너머에 무엇이 있는지 알 수 없는 막막함. 그러나 지도 속 사막이 텅 비어 보일 뿐, 실제 사막에는 쉼 없이 움직이는 모래언덕과 그 모래를 만드는 바람이 있다. 실체는 있지만 고정되지 않은 곳을 걸어가게 하는 힘은 결국 '심장'이다. 뜨겁게 피를 보내며 손과 발을 움직이게 하는 펄떡이는 심장.

이지현 저자가 특히 힘 있게 붙잡는 키워드는 '호기심'이다. 삶을 바꾸는 우연은 그 자체로 기적이 아니라, 우연을 기회로 발전시키는 태도에서 완성된다고 그는 말한다. 그 태도의 출발점이 "궁금한데?"라는 한마디였고, 그 작은 질문이 추천서, 이동, 공부와 도전, 새로운 역할로 이어지며 삶의 장면을 바꾸었다는 고백은 구체적이다. 호기심은 거창한 결심이 아니라, 삶이 아직 끝나지 않았다는 신호처럼 조용히 들어온다.

그러나 이 글이 더 깊어지는 지점은, 호기심이 영원히 타오르는 불꽃이 아니라는 사실을 인정하는 대목이다. 바쁜 일상 속에서 호기심이 사라지고, 내가 나를 잊는 순간 심장이 멈춘 듯한 시간. 단단한 갑옷을 입고 버티다 추락을 경험하며 비로소 자신을 돌아보게 되고, 다시 심장을 뛰게 만든 것은 논리가 아니라 '감정'이었다는 고백은 인생 4막의 전환을 선명하게 보여준다. 감정을 통해 자신과 다시 친해지며, 마침내 "내 내면을 만나러 갈 시간"이라는 문장으로 이야기는 수렴된다.

이 글을 읽고 나는 인생 4막을 '정답을 다시 세우는 시간'이 아니라 '나만의 지도와 리듬을 되찾는 시간'으로 다시 정의하게 되었다. 특히 호기심을 새롭게 보게 되었다. 호기심은 새로움을 향한 성향이 아니라, 내가 아직 살아 있고, 아직 전환할 수 있다는 신호였다. 지도가 있어도 길을 잃을 수 있다면, 반대로 길을 잃는 순간에도 심장을 따라 다시 길을 만들 수 있다. 나도 이제 그 질문을 스스로에게 자주 건네고 싶다. "궁금한데?"라는 작은 시작으로, 다음 막을 걸어가 보고 싶어진다.

:: 2막 성장의 미학 Growing

| 매일의 실천이 길이 되는 삶

정경신 저자의 글은 성장이라는 주제를 실천·존재·균형·관계·가치 다섯 갈래로 풀어내며, 우리가 어떻게 살아야 할지 깊은 성찰을 던져준다. 무엇보다 인상 깊었던 것은 성장이 거창한 성취가 아니라 "매일의 작은 실천 속에서 이미 이루어지고 있는 것"이라는 그의 고백이었다. 나는 그 문장을 읽으며 내 삶의 여러 장면들이 겹쳐졌다.

그는 교사 시절 무지한 열정으로 빽빽하게 수업 준비를 하던 경험을 이야기한다. 그저 잘하고 싶다는 마음 하나로 고시 준비생처럼 책상 위에 교재를 쌓아두고 수업을 준비했지만, 그 과정에서 그는 이미 다른 사람으로 성장하고 있었다. 나는 이 대목에서 내 첫 직장 생활을 떠올렸다. 나 역시 부족한 실무 능력을 채우기 위해 새벽까지 보고서를 고치고, 선배들의 말을 일일이 기록하며 하루하루를 버텼다. 방향성은 없었지만, 그 치열한 실천이 지금의 나를 단단하게 빚어냈다는 점에서 그의 경험과 크게 다르지 않았다.

그러나 저자는 단순한 열심만으로는 부족하다고 말한다. 방향성을 잃은 노력은 결국 불안으로 이어진다는 것이다. 나는 이 부분에서 고개를 끄덕였다. 실제로 나 또한 "나는 누구인가, 어디로 가고 있는가"라는 질문 없이 성과만 좇던 시절이 있었다. 그 결과 성취 뒤에 찾아오는 공허감과 번아웃을 경험해야 했다. 정경신 저자의 말처럼 방향성 없는 성장은 목적지 없는 행군일 뿐이었다. 결국 성장은 실천과 더불어 자기 이해와 비전이 병행될 때 비로소 의미를 가진다.

그의 글에서 특히 와닿았던 또 다른 메시지는 균형의 문제였다. 그는 교사와 코치로서 성과의 즐거움에 빠져 건강과 가족과의 시간을 잃어버렸던 경험을 고백한다. 나 역시 비슷한 경험이 있다. 한때는 성과가 내 가치를 증명한다고 믿었고, 하루 16시간을 일에 몰두했다. 그러나 결국 몸은 신호를 보냈고, 건강이 무너지는 순간 삶 전체가 흔들렸다. 그때 나는 배웠다. 아무리 보람 있는 일이라도 균형을 잃으면 행복은 허상일 뿐이라는 것을. 정경신 저자가 강조하듯, 일과 삶의 균형은 사막 속 오아시스 같은 것이다. 성과라는 모래 언덕을 쌓아 올려도 바람 앞에서는 쉽게 흩날리지만, 균형은 삶을 지탱하는 물 한 모금처럼 오래도록 나를 살린다.

또한 그의 글에서 거절에 관한 대목은 내게 큰 울림을 주었다. 그는 프리랜서로 독립한 뒤 체력과 시간을 고려해 처음으로 강의를 거절했던 경험을 털어놓는다. 그때 깨달은 것은 거절이 관계를 끊는 것이 아니라, 오히려 더 건강한 신뢰를 세우는 과정이라는 점이었다. 나도 그동안 모든 부탁에 "Yes"라고 대답하며 살아왔다. 관계를 유지하고 싶다는 마음에서였지만, 결국 나 자신이 지쳐버렸다. 몇 번의 어려운 결정을 거쳐 "No"라고 말할 수 있었을 때, 오히려 상대와의 관계가 더 명확하고 투명해졌음을 경험했다. 저자의 말처럼, 거절에도 기준과 품격이 필요하다. 그것은 나를 지키면서도 상대를 존중하는 성숙한 관계의 시작이었다.

정경신 저자는 성장의 본질을 '적용'에 두었다. 배우고, 시도하고, 실패하고, 다시 해보는 과정에서 진짜 성장이 이루어진다는 것이다. 이 말은 내 삶의 여러 경험을 관통한다. 나는 수많은 실패와 좌절 속에서도 포기하지 않고 새로운 길을 찾으려 했다. 때로는 보고서의 낙방이, 때로는 사업의 실패가, 또 때로는 건강의 위기가 나를 멈추게 했지만, 그 속에서 배운 것들은 지금의 나를 지탱하는 자산이 되었다. 저자의 고백처럼 성장은 선언이 아니라 흔적 속에서 이미 이루어지고 있는 것이었다.

무엇보다 그의 글에서 드러난 가장 큰 교훈은, 성장은 결과가 아니라 과정이라는 점이다. 그는 "나는 잘 살아왔다. 그러나 지금은 나답게 살아가고 있다"고 말한다. 나는 이 문장을 곱씹으며 나의 삶을 돌아보았다. 나 역시 한동안은 주어진 일에 충실히 살아왔다. 그러나 지금은 다르다. 이제는 내가 진짜 원하는 삶, 나답게 살고 싶은 길을 조금씩 걸어가고 있다. 성장은 성취가 아니라, 내가 누구인지 알아가고 나다운 길을 선택하는 과정이었다.

나는 독자에게도 묻고 싶다.

지금 당신은 어떤 실천을 통해 조금씩 달라지고 있는가?

그 실천은 당신이 원하는 방향과 맞닿아 있는가?

혹시 균형을 잃은 채 성과만 쌓아 올리고 있지는 않은가?

나는 이 글을 읽으며 다짐한다. 앞으로의 삶에서 성실히 실천하되, 방향을 잃지 않고, 균형과 관계와 가치를 함께 지켜가겠다고. 그것이야말로 정경신 저자가 전한 성장의 본질이자, 내가 걸어가야 할 길이다.

결국 성장은 멀리 있는 거창한 것이 아니었다. 지금 이 순간 내가 하는 작은 실천, 내가 맺는 관계, 내가 붙드는 가치 속에 이미 존재하고 있었다. 그리고 그 실천이 쌓여 흔적이 되고, 흔적이 모여 나를 새롭게 빚는다. 나는 오늘도 작게나마 실천하며, 감사와 균형 속에서 나답게 살아가려 한다. 언젠가 나 또한 "나는 매일매일 성장 중이다"라고 당당히 말할 수 있기를 바라는 마음이다.

| 성장 균형을 잃지 않는 성장의 길 위에서

이현녕 저자의 글을 읽으며, 나는 성장이라는 단어를 다시 정의하게 되었다. 흔히 성장은 더 높이 오르고, 더 많이 성취하며, 남보다 앞서 나아가는 것으로 여겨진다. 그러나 그는 단호하게 말한다. 성장은 타인의 기준을 쫓는 것이 아니라, '나'를 잃지 않고 균형을 지켜가는 일이라고. 공자의 "이립(而立)"과 플라톤의 성찰을 인용하며 서른이라는 시기를 해석한 대목에서, 나는 오랜 시간 잊고 있던 질문과 마주했다. "나는 직함 말고, 어떤 사람인가?"

저자가 풀어낸 사례들은 너무도 익숙했다. 승진과 연봉, 직책에 매달리다 어느 순간 공허함에 빠지는 회사원들, 번아웃 속에서 무너지는 젊은 세대의 이야기. 그 속에서 나는 나 자신의 경험을 떠올렸다. 조직에서 성과를 내며 달려가던 시절, 나 역시 타인의 속도와 기준에 맞추느라 내 목소리를 잃어버린 적이 있었다. 성과는 있었지만, 정작 마음은 텅 비어 있었다. 그때 나에게 찾아온 것은 바로 번아웃이었다.

저자는 번아웃을 실패가 아니라 다시 일어서라는 내면의 경고라고 해석한다. 나 역시 그렇게 배웠다. 몸과 마음이 지쳐 더는 버틸 수 없을 때, 나는 홀로 멈추는 용기를 내어야 했다. 여행을 떠나거나, 오롯이 나 자신에게 집중하는 시간을 가졌을 때, 나는 다시 균형을 회복할 수 있었다. 결국 멈춤은 낭비가 아니라, 더 멀리 나아가기 위한 전략적 선택이었다.

무엇보다 깊이 다가온 문장은 이것이다. "성장은 '더 많이'가 아니라, '나다움'을 지켜가는 일이다." 사회가 요구하는 기준을 모두 만족시키는 것은 불가능하다. 그러나 나답게, 나만의 리듬을 가지고 살아가는 일은 가능하다. 내 삶에서도 중요한 전환점마다 이 깨달음이 길을 열어주었다. 퇴직의 순간, 건강의 위기, 글쓰기로의 도전— 그 과정은 모두 외부의 잣대가 아닌 내 안의 목소리를 따르는 선택이었다.

저자의 글은 독자에게 묻는다. 당신은 지금 누구의 기준으로 살아가고 있는가? 그 질문은 곧 나의 경험과도 겹쳐진다. 나는 이제야 안다. 진정한 성장은 타인과의 비교 속에서 앞서 나가는 것이 아니라, 불안과 공허 속에서도 자기 자신과의 균형을 잃지 않는 것이다.

나는 다시 한번 다짐한다. 앞으로의 여정에서 나는 더 많은 성취보다 더 단단한 균형을 추구할 것이다. 그리고 그 길 위에서 만나는 독자들에게도 이렇게 말하고 싶다. "당신의 성장은 이미 충분하다. 중요한 것은 나를 잃지 않는 균형이다."

:: 3막 절제의 미학 Refining

| 흔들림 속에서 찍어야 할 새로운 좌표

한영원 저자의 글을 읽으며 가장 먼저 마음을 울린 문장은 이것이었다. "나는 지금, 얼마나 빨리 넘어질 준비가 되어 있는가?"

흔히 우리는 실패를 피해야 할 위험으로만 바라본다. 그러나 저자는 빠르게 실패하고, 그 실패 속에서 배우며, 다시 좌표를 찍는 용기를 강조한다. 그 메시지는 내 지난 경험과 겹쳐졌다.

나 또한 커리어의 여러 전환기를 거치며 수많은 불안과 두려움에 맞닥뜨렸다. 회사라는 안전지대를 떠나 독립을 결심했을 때, 가장 큰 장벽은 외부 환경이 아니라 내 마음속의 목소리였다. "과연 잘할 수 있을까? 혹시 쓸모없는 사람이 되는 건 아닐까?"라는 질문이 밤마다 나를 괴롭혔다. 그러나 돌이켜보면, 그때의 흔들림이야말로 나를 성장시킨 자산이었다. 실패를 통해서만 만날 수 있는 기회가 있었고, 좌절을 경험해야만 비로소 나만의 속도를 찾을 수 있었다.

저자가 말하는 '절반의 에고를 넘어 건강한 에고를 세우는 일' 역시 깊이 와닿았다. 사회적 지위와 직함으로 정의되던 나에서, 이제는 어떤 삶을 살아가고 싶은가로 나를 다시 묻는 과정. 이는 나에게도 익숙한 과제였다. 퇴직 후 한동안 나는 직함이 사라진 자리에서 방향을 잃었으나, 결국 내 삶을 스스로 새롭게 정의하는 길을 선택했다. 그때 비로소 나는 나 자신에게 "어떤 삶을 살고 싶은가?"라는 질문을 던질 수 있었다.

특히 마음에 남는 대목은 "포기는 실패가 아니라, 가장 중요한 곳에 자원을 집중하는 선택이다"라는 부분이다. 나는 젊은 시절 모든 기회를 붙잡으려 애쓰다가, 정작 무엇을 지켜야 할지 놓치곤 했다. 그러나 이제는 선택의 용기가 삶의 질을 결정한다는 사실을 안다. 버려야 비로소 남겨야 할 것을 더 깊이 붙잡을 수 있었다.

이 글을 덮으며 나는 독자에게도 같은 질문을 건네고 싶다. 당신의 삶에서 지금 버려야 할 것은 무엇인가? 그리고 새롭게 찍어야 할 좌표는 어디인가? 흔들리는 나침반 앞에서도, 불완전한 상태에서라도 좌표를 찍는 순간 우리는 이미 가능성에 한 걸음 다가가 있다.

한영원 저자의 이야기는 내게 다시금 확신을 준다. 삶은 완벽하게 계획된 관광이 아니라, 불확실성을 안고 걸어가는 여행이다. 그렇기에 실패는 두려움이 아니라 길잡이이며, 흔들림은 무너짐이 아니라 새로운 탄생의 신호다. 나 역시 그 길 위에서 또 다른 좌표를 찍으며, 새로운 나로 다시 태어나고자 한다.

| 공복과 만복, 그리고 나를 돌보는 용기

변정임 저자의 글은 전환기를 살아가는 우리 모두에게 "자기 돌봄이야말로 불안을 이기는 힘"이라는 사실을 일깨워 준다. 그는 공복과 만복이라는 상징적인 단어를 통해, 비우고 채우는 리듬의 균형이야말로 건강한 삶의 토대라고 말한다. 공복은 단순히 배고픔이 아니라 내 몸과 마음이 회복할 수 있는 시간이며, 만복은 감사와 안도를 느끼는 충만의 상태다. 이 두 가지가 조화로울 때 우리는 불안에 흔들리지 않고 중심을 잡을 수 있다.

나는 이 글을 읽으며 내 경험을 떠올렸다. 직장 생활을 할 때는 늘 만복의 상태, 즉 채움만을 추구하며 살았다. 해야 할 일, 끝없는 정보, 사람들의 기대를 채우느라 내 삶은 늘 과부하 상태였다. 그 결과 건강이 무너지고, 마음마저 공허해졌다. 그제야 비로소 나는 공복의 가치를 알게 되었다. 비워야 채울 수 있다는 단순한 진리를 몸으로 깨달은 것이다.

저자가 강조한 도움을 요청할 줄 아는 용기 역시 깊이 다가왔다. 나는 오랫동안 스스로 해결하는 것을 미덕이라 여겼다. 그러나 어느 순간, 혼자서는 감당할 수 없는 상황을 맞으며 비로소 타인에게 손을 내밀었다. 놀랍게도 그 순간 약해진 것이 아니라 오히려 강해졌다. 도움을 요청하는 일은 포기가 아니라, 포기를 거부하는 또 다른 방식이라는 저자의 말이 나의 경험과 정확히 겹쳐졌다.

또 하나 인상적인 부분은 저자가 말한 유쾌함의 기술이다. 상상력, 사교성, 유머, 즉흥성, 경이감—이 다섯 가지는 삶을 가볍게 받아들이는 힘이다. 나는 늘 무겁게만 살아왔다. 그러나 어느 순간부터는 웃음과 유머가 오히려 위기를 돌파하게 만든다는 것을 깨달았다. 나이 들수록 더욱 필요한 것은 진지함만이 아니라, 삶을 유쾌하게 재구성할 줄 아는 지혜임을 배웠다.

나는 독자에게도 같은 질문을 던지고 싶다.

지금 당신의 삶은 공복과 만복의 균형 속에 있는가?

혹시 끊임없이 채우기만 하느라 비움의 시간을 잃어버린 것은 아닌가?

전환기의 불안은 누구에게나 찾아온다. 그러나 자기 돌봄, 유쾌함, 그리고 도움을 요청하는 용기를 통해 그 불안은 충분히 길들일 수 있다.

내가 얻은 교훈은 분명하다. 진짜 강함은 완벽함이 아니라, 나의 불완전함을 인정하고 돌보는 데서 나온다. 공복을 두려워하지 않고, 만복을 감사로 받아들이며, 때로는 타인의 도움에 기대는 것. 이것이야말로 인생 전환기를 살아내는 지혜임을 나는 저자의 글을 통해 다시 확인했다.

:: 4막은 충만의 미학 Fulfilling

| 멈춤을 넘어 전환으로

윤수영 저자의 글은 "뜻대로 되지 않음이야말로 삶이 주는 가장 큰 선물"이라는 역설적인 깨달음으로 시작한다. 젊은 시절에는 노력과 결과가 반드시 연결된다고 믿었지만, 살아보니 인생은 예측할 수 없는 사막 같았다. 실패와 좌절, 뜻대로 되지 않는 길목이 오히려 나를 단련시키고, 새로운 만남과 풍경을 허락한다는 그의 고백은 내 경험과도 겹쳐졌다.

나 역시 조직 생활에서 치밀하게 계획을 세우고 성과를 추구하던 시절이 있었다. 그러나 계획대로 풀리지 않는 순간들이 늘 찾아왔다. 인사 제도를 바꾸기 위해 수개월간 준비한 프로젝트가 하루아침에 무산된 적도 있었고, 건강 악화로 인해 한동안 일을 멈추어야 했던 때도 있었다. 그 순간에는 실패처럼 보였지만, 시간이 지나 돌이켜보니 그 '뜻대로 되지 않음'이야말로 내 삶의 방향을 다시 잡아주었던 전환점이었다. 멈추었기에 놓쳤던 풍경을 보았고, 쓰러졌기에 나 자신을 다시 돌볼 수 있었다.

저자가 강조한 "실패를 통해서만 만날 수 있는 삶"이라는 문장은 내게 큰 울림을 주었다. 실패와 좌절은 사라져야 할 흠이 아니라, 인생의 조각들을 빚어내는 도구였다. 나의 커리어도 그랬다. 잘 나아가던 길이 꺾일 때마다 나는 새로운 가능성을 마주했다. 때로는 글쓰기로, 때로는 컨설팅으로, 또 때로는 사람과의 깊은 관계로 이어졌다. 실패가 있었기에 지금의 내가 있었다.

또한 저자의 메시지 가운데 "남김 없이 살고, 남김 없이 나누는 삶"이 마음을 사로잡았다. 우리는 흔히 무엇을 더 남길까 고민하지만, 정작 중요한 것은 무엇을 남기지 않을까이다. 후회, 미련, 상처를 남기지 않는 것. 나도 이제는 내 삶을 정리하는 방식이 남김 없이 나누는 데 있음을 느낀다. 작은 친절 하나, 따뜻한 말 한마디가 누군가의 삶에 길잡이가 된다는 경험을 했을 때, 삶은 채워지는 역설을 확인하게 된다.

저자의 글을 읽으며 나는 독자에게도 같은 질문을 던지고 싶다. 지금 당신은 무엇을 남기려 애쓰는가? 혹은 무엇을 남기지 않겠다고 다짐하는가? 인생의 사막은 우리 모두에게 찾아온다. 그러나 그것은 결핍의 시간이 아니라 정화의 시간이며, 결국 감사와 나눔으로 완성되는 충만의 과정이다.

윤수영 저자의 글은 내게 삶을 다시 바라보게 했다. 뜻대로 되지 않는 날들이 있었기에 지금의 내가 있고, 실패했기에 얻을 수 있었던 지혜가 있다. 결국 인생은 고백이 아니라 감사로 회고해야 한다는 그의 메시지에 나는 고개를 끄덕였다. 오늘 하루를 남김 없이 살고, 기꺼이 나누며, 감사로 마무리할 수 있다면, 그것이야말로 충만한 인생의 완성 아닐까.

| 삶이 멈춰 보일 때, 우리는 새로운 항로에 들어선다.

고정연 저자의 글은 우리 삶의 전환기를 어떻게 받아들이고 살아갈 것인지에 대한 깊은 성찰을 담고 있다. 특히 인상 깊었던 부분은 "멈춤이 아닌 전환"이라는 표현이었다. 나이가 들어 몸이 보내는 작은 신호, 퇴직이라는 커다란 사건, 더 이상 생산성으로 평가받지 않는 사회적 자리 앞에서 우리는 멈춘 것처럼 느끼기 쉽다. 그러나 저자는 그것을 멈춤이 아니라 새로운 항로를 위한 전환이라 말한다.

그의 글에서 나는 세 가지 강렬한 메시지를 받았다.

첫째, 몸의 신호에 귀 기울이라는 것이다. 그는 협심증 진단을 계기로 건강의 중요성을 절실히 깨달았다고 고백한다. 나 역시 한때 과로와 스트레스 속에서 몸이 보내는 신호를 무심히 지나쳤던 적이 있다. 쓰러지고 나서야 알았다. 몸은 결코 거짓말을 하지 않는다는 것을. 이후 나는 일보다 건강을 우선하는 습관을 의도적으로 만들었다.

둘째, 생산성 강박에서 벗어나라는 메시지다. 저자는 퇴직 후에도 쉬지 못하고 스스로 일을 찾아 나섰다고 한다. 그 모습은 내 과거와도 닮아 있었다. 직책이 사라진 후에도 무언가를 계속 증명해야 한다는 압박감. 그러나 지금 돌이켜보면, 진정한 삶의 충만은 '해야 할 일'이 아니라 '하고 싶은 일'을 찾는 데서 온다. 나 역시 이제야 조금씩 그 진실을 받아들이고 있다.

셋째, 정체성을 새롭게 세우라는 것이다. 직업적 정체성이 사라질 때 우리는 누구인가? 저자는 죽음을 단순한 소멸이 아니라 전환으로 바라보며, 진정한 삶의 의미를 묻는다. 나는 퇴직 후 한동안 "나는 누구인가"라는 질문 앞에서 방황했다. 그러나 글쓰기와 강의, 그리고 사람들과의 깊은 대화를 통해 나 자신을 새롭게 정의하기 시작했다. 정체성은 주어진 것이 아니라, 평생에 걸쳐 계속 만들어 가는 것임을 깨달았다.

저자의 글은 내게 또 다른 질문을 던졌다.
"당신은 지금 하고 싶은 일을 하고 있는가?
그리고 그것이 당신의 정체성을 어떻게 빚어가고 있는가?"
이 질문은 단순한 호기심이 아니라, 내 삶을 다시 설계하게 만드는 근본적인 화두였다.

삶은 여러 번의 작은 죽음과 큰 전환을 거치며 이어진다. 고정연 저자가 보여주듯, 그 순간들을 멈춤으로 받아들이면 절망이 되지만, 전환으로 받아들이면 성장의 기회가 된다. 나는 이 책을 덮으며 다짐했다. 앞으로 다가올 사소한 신호와 큰 전환들을 두려워하지 않고, 그것을 양분 삼아 나를 새롭게 빚어내는 기회로 삼겠다고.

독자에게도 같은 말을 전하고 싶다. 혹시 지금 삶의 한가운데 멈춘 듯한 순간을 지나고 있는가? 그렇다면 멈춤을 두려워하지 말라. 그것은 당신이 새로운 길로 전환하기 위한 출발점일 수 있다. 멈춤은 끝이 아니라, 또 다른 시작을 알리는 신호다.

:: 독자에게 드리는 마지막 메시지

이 책의 글들을 읽는 동안 나는 저자들이 건너온 사막을 함께 걷는 듯한 기분을 느꼈다. 장혜인은 "진짜 길은 언제나 내 안에서 시작된다"고 말하며, 외부의 기준이 아닌 내면의 목소리를 따르는 용기를 강조했다. 이어 이지현은 지도가 있어도 길을 잃을 수 있음을 보여주며, 결국 우리가 따라야 할 것은 정보가 아니라 "궁금한데?"로 시작되는 호기심과 심장의 박동임을 일깨웠다. 정경신은 배움이 '아는 것'에 머무르지 않고 '적용'으로 이어질 때 비로소 성장으로 축적된다고 말하며, 매일의 실천 속에서 나답게 살아가는 길을 제시했다. 이현녕은 성장은 더 높이 오르는 것이 아니라 균형을 잃지 않는 일이라고 전했고, 한영원은 "나는 지금, 얼마나 빨리 넘어질 준비가 되어 있는가?"라는 도전적인 질문을 던졌다. 변정임은 공복과 만복, 참나와 연결된 자기 돌봄을 통해 전환기의 불안을 다루는 법을 이야기했고, 윤수영은 실패조차 삶의 일부로 받아들이는 충만의 지혜를 보여주었다. 마지막으로 고정연은 "멈춤이 아닌 전환"을 통해 하고 싶은 일을 향한 용기를 북돋아 주었다.

이 글들을 읽으며 내 삶의 장면들이 겹쳐졌다. 조직에서의 긴 세월, 퇴직의 순간, 건강의 위기, 그리고 다시 글을 쓰는 길. 처음 퇴직을 맞이했을 때, 마치 모든 것이 멈춘 듯했다. 직함이 사라진 자리에서 한동안 나는 방향을 잃었고, "나는 누구인가"라는 질문 앞에 서야 했다. 그러나 그 공백이야말로 나에게 새로운 시작을 가능하게 한 사막이었다.

건강의 경고 신호 또한 마찬가지였다. 쓰러진 경험은 나를 주저앉힌 것이 아니라, 오히려 삶을 가볍게 정돈하고 내 몸과 마음을 돌보게 하는 계기가 되었다. 실패와 좌절, 공허와 불안은 분명 고통스러웠지만, 지금 돌아보면 모두 성장의 뿌리가 되어 있었다.

저자들의 글은 한목소리로 말한다. 사막은 결핍이 아니라 정화의 공간이며, 실패는 상처가 아니라 자산이다. 삶은 뜻대로만 흘러가지 않지만, 그 어긋남이야말로 성숙과 충만을 가능하게 한다. 나는 이 책에서 그 메시지를 거듭 확인했다.

이제 나는 독자에게도 같은 질문을 던지고 싶다.

지금 당신이 건너는 사막은 무엇인가?
그 사막에서 무엇을 버리고, 무엇을 지켜야 하는가?
그리고 당신은 얼마나 빨리 넘어질 준비가 되어 있는가?

우리는 모두 사막을 건넌다. 어떤 이는 모래바람 속에서 길을 잃기도 하고, 어떤 이는 신기루에 속아 한참을 돌아가기도 한다. 그러나 중요한 것은 사막을 끝내 포기하지 않고 걸어간다는 사실이다.

이 책이 독자 여러분의 인생 사막길에서 작은 오아시스가 되었기를 바란다. 다시 힘을 내어 걸을 수 있도록, 또 다른 막을 열 수 있도록, 이 글이 작은 위로와 용기가 되기를 바란다.

결국, 인생은 완벽한 지도로 그려지는 길이 아니라, 우리가 하루하루 내딛는 발걸음의 총합이다. 그리고 그 길 위에서 사랑하며, 배우며, 성장하며, 나누며 살아가는 것이야말로 우리 인생 4막의 진정한 완성

일 것이다.

"내가 쓴 문장이 나를 만든다. 모든 사람에게 잘할 필요가 없다. 단 한 명을 위해서라도 진심을 담아라."

이 책 속의 이 구절처럼, 우리 삶도 단 한 사람을 향한 진심으로 충분히 의미 있을 수 있다.

그러니 이제 여러분에게 묻는다.
당신은 오늘, 무엇을 사랑하며 살아가고 있습니까?

:: 나의 사막과 그들의 여정을 마주하며

이 책을 통해 나는 내 삶의 여정이 결코 헛되지 않았음을 새삼 확인했다. 저자들의 고백과 사색, 그리고 나의 경험이 겹치며 내게는 울림 있는 교훈이 되었다. 오늘의 불안과 실패는 결국 내일의 자산이 된다. 에필로그는 끝이 아니라 또 다른 프롤로그다. 나 역시 이제 새로운 막을 향해 걸어가려 한다.

사막을 건너는 중입니다

배움에서 비움으로 가는 여정

초판 1쇄 2026년 3월 13일

지은이 윤영돈 · 장혜인 · 이지현 · 정경신 · 이현녕
한영원 · 변정임 · 윤수영 · 고정연 · 김정기
발행인 김재홍
교정/교열 김혜린
디자인 박효은
마케팅 이연실

발행처 도서출판지식공감
등록번호 제2019-000164호
주소 서울특별시 영등포구 경인로82길 3-4 센터플러스 1117호(문래동1가)
전화 02-3141-2700
팩스 02-322-3089
홈페이지 www.bookdaum.com
이메일 jisikwon@naver.com

가격 19,500원
ISBN 979-11-5622-979-7 03190